DE LA

SOUVERAINETÉ TEMPORELLE

DU PAPE.

PARIS. — IMPRIMERIE D'ADRIEN LE CLERE ET Cie,
RUE CASSETTE, N° 29, PRÈS SAINT-SULPICE.

DE

LA SOUVERAINETÉ TEMPORELLE

DU PAPE

PAR

M. L'ABBÉ DUPANLOUP.

PARIS.

LIBRAIRIE D'ADRIEN LE CLERE ET Cie,

IMPRIMEURS DE NOTRE SAINT PÈRE LE PAPE ET DE L'ARCHEVÊCHÉ,

rue Cassette, 29, près Saint-Sulpice.

1849.

Le *Comité pour la défense de la liberté religieuse* a eu la pensée de réunir et de publier en son nom les divers articles qui ont récemment paru dans *l'Ami de la Religion* sur la souveraineté temporelle du Pape : nous ne nous y refusons pas, s'il en peut résulter quelque bien. Cette grave question est digne, en effet, d'être sérieusement méditée. Nous aurions voulu, pour notre part, la traiter avec une plus grande étendue, et l'approfondir comme elle le mérite ; et nous regrettons de n'avoir pu lui donner tous les développements que demandait son importance. Mais on comprendra que la rapidité d'une publication périodique, pressée, urgente, ne nous l'ait pas permis.

Néanmoins l'honneur qu'on nous a fait de reproduire ce travail en France dans un grand nombre de journaux, et de le traduire en Angleterre, en Italie, à Rome même, nous donnent la confiance d'avoir, du moins en quelque chose, répondu aux sympathies de ce que l'Eglise compte encore de plus fidèles catholiques.

Puissent nos humbles efforts servir la gloire de Dieu et de sa sainte Eglise, et porter quelque consolation au cœur de Celui dont les douleurs ont remué le fond de nos âmes, et dont nous ne pouvons parler qu'en empruntant cette parole de Fénelon, qu'*on donnerait pour lui volontiers mille vies comme une goutte d'eau.*

F. D.

Paris, ce 18 janvier, Fête de la Chaire de saint Pierre.

DE

LA SOUVERAINETÉ TEMPORELLE

DU PAPE.

La témérité, l'ignorance, l'irréflexion, la faiblesse, laissent entendre depuis quelques jours et propagent misérablement des paroles étranges sur la souveraineté temporelle du Pape. D'honnêtes gens s'en affligent pieusement, en gémissent peut-être avec tristesse, mais les écoutent toutefois sans trop de scandale. De grands esprits, qui ont tout prévu, et qui ne s'étonnent de rien; qui ont rêvé d'ailleurs, dans un beau zèle pour l'avenir, des progrès inconnus au Christianisme passé ; voient peut-être dans les malheurs et l'abaissement temporel de la Papauté un horizon magnifique s'ouvrant aux transformations sociales de l'Europe et du monde; et si ces nouveautés semblent en apparence menacer l'Eglise, ils savent, eux, ils croient savoir que ce progrès tournerait infailliblement à la plus grande gloire de Dieu et au très-grand bien des âmes.

Qu'on nous pardonne ce langage : mais nous voyons là une fatale aberration d'esprit et un péril sérieux. Comme les tempêtes agitent la cîme des arbres et les dépouillent, les révolutions ébranlent aussi les têtes humaines ; souvent les plus fortes ne résistent pas à ces violentes secousses, et le mouvement qui les pousse trouble étrangement quelquefois leurs idées et leurs convictions jusque-là les mieux établies.

Nous croyons donc utile de rappeler les vrais principes sur la question de la souveraineté temporelle du Pape, et d'étudier avec nos lecteurs, malgré les émotions religieuses et politiques du moment, les desseins providentiels de Dieu sur le gouvernement temporel du Saint-Siége.

I.

RAISONS DU DESSEIN PROVIDENTIEL DE DIEU DANS L'ÉTABLSSEMENT DE LA SOUVERAINETÉ TEMPORELLE DU PAPE.

Toutes les œuvres divines ont un caractère de simplicité et de grandeur qui étonne; et certainement le Fils de Dieu accomplit une chose d'une grandeur et d'une simplicité surhumaine, quand il choisit un homme mortel pour en faire le Chef suprême de son immortelle Eglise, le Souverain des âmes, le Guide des consciences, le Juge en dernier ressort des intérêts éternels de l'humanité. Jésus-Christ donna l'un des plus merveilleux témoignages de sa puissance, quand il dit à cet homme, ou plutôt à ce grain de sable ramassé sur les bords d'un lac de Galilée : « *Tu* » *es Pierre, et sur cette pierre je bâtirai mon Eglise, et les portes de l'en-* » *fer ne prévaudront pas contre elle.* »

On sent dans ce jeu de mot tout-puissant (1), je ne sais quelle condescendance, quelle familiarité saisissante, quelle complaisance divine de langage. En le méditant, je me rappelle involontairement ces lignes de Fénelon : « *Les paroles des hommes sincères disent ce qui est : mais les* » *paroles toutes-puissantes du Fils de Dieu font ce qu'elles disent.* »

Pour moi donc, je l'avouerai simplement, cet homme que Dieu a si excellemment fait, et qui est une de ses plus grandes pensées réalisée dans le temps, cet homme est non-seulement l'objet de ma foi et l'attrait de mon cœur, mais aussi l'étonnement inépuisable de mon esprit. Non, je n'oublierai jamais l'impression qui me saisit, lorsque je le contemplai, pour la première fois, à Rome ; lorsque je vis, pour la première fois, le Vicaire de Jésus-Christ apparaître à mes yeux sous les voûtes resplendissantes de Sainte-Marie-Majeure. Profondément ému et touché à la vue du Père commun, mais remué plus violemment par une pensée plus haute encore et plus forte, je me disais :

---

(1) Ce *jeu de mots*, appelé par les rhéteurs *paronomase*, est fréquent dans l'Ecriture. Glassius, dans sa *Rhétor. sacrée* (trad. 2. cap. 2.), et Lowts, *De sacrâ poesi hebr.* en citent de nombreux exemples. On peut remarquer entre autres, dans la *Prophétie de Jacob* (Genèse, 49), les jeux de mots sur *Juda* et *Jad*; et dans Isaïe, ceux sur l'*Emmanuel* et sur les enfants du Prophète, nommés *Maher Schalal, Hach-Baz.*

Dans l'*Epître à Philémon* (v. 20.), celui sur *Onésime.* (On peut consulter à cet égard Estius et autres commentaires.)

«Le voilà donc ce Pape! ce Successeur de Pierre; ce Chef de l'Eglise
» universelle; cette bouche de Jésus-Christ, vivante et ouverte pour en-
» seigner l'univers; ce centre de la foi et de l'unité catholique; ce foyer
» de lumière et de vérité, allumé pour éclairer le monde, *lux mundi;* cet
» homme infirme, ce faible vieillard, fondement immuable de l'édifice
» divin, contre lequel les puissances de ténèbres seront éternellement
» sans force; cette pierre angulaire sur laquelle s'élève ici-bas la Cité
» de Dieu! La voilà cette tête mortelle, sur laquelle reposent les plus glo-
» rieux souvenirs du passé, toutes les espérances du présent, les desseins
» même de l'éternel avenir! Prince des Prêtres, Père des pères, héritier
» des Apôtres; plus grand qu'Abraham par le Patriarcat, comme disait
» autrefois saint Bernard; plus grand que Melchisédech par le sacerdoce;
» plus grand que Moïse par l'autorité; plus grand que Samuel par la
» juridiction; en un mot, Pierre par la puissance, Christ par l'onction,
» Pasteur des pasteurs, Guide des guides, point cardinal de toutes les
» Eglises, clef de la voûte catholique, citadelle imprenable de la com-
» munion des enfants de Dieu! »

. Et cette merveille, elle dure depuis dix-huit siècles! Qu'on le dise:
Dieu a-t-il rien fait de plus grand? N'est-ce pas là manifestement une
œuvre divine, le jeu le plus extraordinaire d'une puissance infinie, *ludens*
in orbe terrarum ?

Or, cette œuvre, Dieu l'a faite pour un but immortel, et elle demeu-
rera jusqu'à la fin des temps. Et maintenant nous le demandons : quels
moyens, quels instruments emploie-t-il pour la conduire à son terme,
pour la soutenir et la conserver à travers les siècles?

La réponse est aussi simple que péremptoire : il la soutient, il la conserve, il la perpétue comme tout ce qu'il fait dans le temps, par des
moyens humains unis à sa puissante assistance; la pensée, l'œuvre est
du Ciel; les instruments sont de la terre : voilà tout le secret de l'économie divine.

. Dieu a fait deux œuvres majeures en ce monde, *la Création et la*
Rédemption.

Il les a faites toutes les deux par lui-même; mais il les perpétue par
ses créatures. Ainsi, la famille, la société légitime et bénie de l'homme et
de la femme, perpétue la création. Le sacerdoce chrétien et son chef su-

(10)

prême, dépositaire, docteur et ministre de la vérité, de la morale et du culte évangélique, perpétue l'enseignement, le sacrifice et les biens de la Rédemption. Mais ce sont des hommes, et non pas des anges, que Dieu a revêtus de ce sacerdoce et de cette puissance : ce sont des moyens humains, simples, vulgaires en apparence, des moyens naturels, et non des miracles qu'il emploie pour cette œuvre divine. Sa méthode, s'il est permis de parler ainsi, n'est pas de gouverner par des prodiges, mais par des lois ; il y déroge, quand il lui plaît, et le miracle éclate ; mais le gouvernement normal de ses œuvres, c'est la loi de sa Providence ordinaire ; il intervient, il établit, il conserve ; et la loi suit son cours et obtient tous ses effets.

Si Dieu gouvernait le monde, même dans l'ordre spirituel, par des miracles perpétuels et éclatants, il anéantirait, jusqu'à un certain point, pour nous le mérite, et pour lui les hommages de notre liberté ; le monde moral subirait alors une force d'impulsion qui rappellerait le mouvement aveugle du monde matériel.

Dieu ne l'a pas voulu ; et, si nous osions le dire, il a bien fait de ne pas le vouloir ; car, si l'action de Dieu ne se manifestait que par une dérogation perpétuelle à ses propres lois, ce ne serait plus cette belle tranquillité de l'ordre, qui est, suivant le mot de saint Augustin, la paix des œuvres de Dieu et la paix du monde : *Pax est tranquillitas ordinis.*

Il y aurait, il est vrai, comme parle saint Ambroise, plus de miracles, mais aussi moins de miséricorde. On peut même dire qu'une conduite constamment miraculeuse ne révèlerait pas une plus grande puissance ; car, d'une part, au fond des destinées de l'Eglise, le miracle de l'assistance divine, pour cacher son action, ne se fait pas moins sentir aux yeux attentifs ; et, d'autre part, les moyens que Dieu emploie sont si faibles, si vulgaires, si méprisables, *infirma, stulta, contemptibilia* (1), que la puissance divine tire de ces moyens même la gloire d'un perpétuel miracle. Ainsi Dieu emploie la science, la vertu, le génie au service de son Eglise ; mais la science s'enfle, le genie s'égare, la vertu a ses défaillances, et l'Eglise demeure. Ainsi l'Eglise a été établie par un miracle sanglant qui a duré trois cents années. Au rebours de toutes les institutions

_(1) Saint Paul, I Ep. aux Cor., ch. I.

humaines, Dieu a voulu qu'elle commençât sa royauté par le martyre.

Pendant trois siècles, suspendue entre le ciel et la terre, sans aucun appui humain, ne tenant à rien en ce monde, couronnée du double diadème de l'apostolat, et du sacrifice, l'Eglise romaine envoya tous ses premiers Pontifes à la confession du sang, et pas un d'eux ne refusa ce témoignage à son ministère et à son Siége. Mais après que par cette longue et terrible expérience Dieu eut bien montré au monde que son Eglise n'avait ni peur, ni besoin des hommes, il prit une autre voie, et voulut que l'Eglise romaine reçût du gouvernement de sa providence, avec une souveraineté humaine, comme une sorte de garantie temporelle et de sécurité extérieure au milieu des agitations de la terre.

De même qu'il ne choisit qu'une fois des bateliers pour en faire des apôtres; qu'il n'y eut qu'une seule Pentecôte où l'esprit de Dieu répandit le don gratuit des langues; et que, depuis, les ministres de la religion doivent étudier sérieusement, travailler avec effort à devenir des saints, et mettre au service de l'Eglise une science acquise et une vertu laborieuse: de même, après avoir voulu que trente-trois Papes n'eussent d'autre demeure, durant trois siècles, que les catacombes, et d'autre trône que l'échafaud; il lui a plu enfin que le chef de son Eglise, que le Pasteur des pasteurs, que le prince de tous les Evêques du monde catholique, eût une maison tranquille à Rome, au centre de l'Europe, pour y abriter sa couronne spirituelle; un autel indépendant à Saint-Pierre pour y offrir le sacrifice éternel, et un siége au Vatican pour y prononcer les oracles de la vérité: il voulut que la Souveraineté spirituelle, qui commande à trois cents millions d'hommes, et règne par la foi sur toutes ces consciences, eût une puissance temporelle, assez modeste pour ne point inspirer d'ombrage aux grandes ambitions humaines, et suffisante aussi pour assurer une indépendance nécessaire au Juge suprême de tant d'hommes, de tant d'intérêts, de tant de pays divers, nécessaire en un mot à la liberté du guide universel des ames. Il voulut, non-seulement depuis Charlemagne, mais en quelque sorte depuis Constantin, que ce moyen humain servît à l'accomplissement et à la perpétuation de son œuvre divine.

Certes nous n'avions pas besoin de cet établissement temporel de la Papauté, nous, disciples de l'Evangile et enfants de l'Eglise, pour croire à l'Eglise catholique, apostolique, ROMAINE ! Et, si les Romains, ce peuple si cher à saint Pierre et à saint Paul, si les Romains, déjà tombés dans l'anarchie, venaient, ce qu'à Dieu ne plaise, à tomber dans l'infidélité, le Successeur de saint Pierre, devenu Evêque de Rome *in partibus infidelium*, serait toujours le Chef de l'Eglise universelle. Il pourrait traverser les mers, et, l'Evangile d'une main, les Constitutions de l'Eglise de l'autre, transporter ses pénates sacrés dans une ville ou dans un désert du Nouveau-Monde; l'Eglise voyagerait, aborderait, s'arrêterait avec lui, et nous cririons toujours avec saint Ambroise : *ubi Petrus, ibi Ecclesia*. Comme le soleil, immobile au firmament, cet homme pourrait paraître changer de place sur la terre; mais, immuable sur sa base divine, il rayonnerait toujours sur le monde entier; de tous les points de la catholicité, les âmes ne cesseraient de se tourner vers lui, et il pourrait dire avec le plus impérissable droit, en donnant à une grande parole un sens plus grand encore :

Rome n'est plus dans Rome : elle est toute où je suis.

Nous aurions pourtant à voir alors ce que serait l'Europe, ce que serait l'Italie, ce que serait Rome, sans lui. Il faudra bien traiter ces questions, dont la gravité est si étrangement méconnue, et l'intérêt social et religieux si stoïquement sacrifié.

En vérité, nous sommes consternés de ce qu'on entend dire quelquefois; consternés, non pour l'Eglise romaine, non pour l'Eglise catholique ! l'Eglise catholique-romaine a vieilli dans les combats; rien ne l'étonne; persécutions, clameurs, trahisons, nouveautés, tout tombe autour d'elle, et l'Eglise regarde impassible ces flots émus se briser à ses pieds. Ce combat nouveau ne sera pour elle qu'une victoire de plus. Mais nous sommes consternés pour les âmes qui se perdent; pour la faiblesse des esprits qui s'aveuglent; pour les illusions, pour l'égoïsme, pour la présomption de certains hommes qui s'égarent. Chevaleresques aventuriers de la foi, ils prendraient bravement leur parti de voir la souveraineté temporelle du Pape anéantie ! Ils verraient dans son anéantissement un rajeunissement de l'Eglise ! Un culte dépouillé, des calices de verre, des prêtres à la mendicité, le Vicaire de Jésus-Christ n'ayant pas où abriter sa tête et rentrant dans l'antique nuit des Catacombes, toutes ces choses leur paraissent magnifiques et font vibrer la joie dans ces âmes sublimes! Eh bien, moi, je suis plus vulgaire : et, quoique je proclame avec joie que c'est une croix de bois qui a sauvé et qui sauvera toujours le monde, je crois beaucoup moins expédient pour l'Eglise de reculer de quinze siècles, de revenir sur ses pas, de recommencer à naître, que de suivre, dans la voie où Dieu l'a lancée, la marche qu'il lui trace, et de se servir des conquêtes temporelles que la Providence lui a faites pour continuer ses conquêtes spirituelles. Je crois que dans les œuvres de Dieu, il est plus sage d'étudier sa conduite et ses desseins pour s'y conformer humblement, que de lui faire une règle de nos rêveries, si brillantes qu'elles soient, et de façonner sa sagesse à notre guise. C'est surtout quand il s'agit des intérêts de l'Eglise, qu'il faut se garder du danger des illusions romanesques; et je pense, quant à moi, que dans le dessein manifesté de Dieu, la liberté de la conscience et l'indépendance de la vérité catholique sont providentiellement unis à la liberté et à l'indépendance temporelle du Saint-Siége. Bonaparte lui-même fut obligé d'en convenir à la voix d'un prêtre respecté : l'héritier de son nom, s'en souviendra, je l'espère, comme il nous l'a promis. Bien avant eux, Bossuet l'avait déclaré; la République française, l'Angleterre protestante, comme la catholique Espagne, l'avouent, le proclament en ce moment; l'autocrate schismatique de toutes les Russies est venu naguère rendre hommage à cette vérité dans la personne du vénérable Grégoire XVI; et le sultan lui-même envoie aujourd'hui des ambassadeurs à la Papauté. Que dire donc de la témérité qui contesterait à la souveraineté temporelle du Pape des droits consacrés par les desseins de la Providence, et reconnus par de tels hommages sur la terre?

Cette immense matière, cet admirable sujet s'est à peine ébauché sous ma plume : j'y entre, décidé à mettre humblement toutes les forces de mon âme au service d'une cause si sainte, si grande, et si indignement outragée.

II.

Jamais notre foi dans les promesses divines faites à l'Eglise ne sera ébranlée par les événements humains. Jamais notre confiance en la barque de Pierre ne sera troublée par le mouvement des flots qui l'agitent : humbles passagers de cette barque mystérieuse, notre croyance au Pilote invisible qui semble quelquefois dormir pendant la tempête, est immuable. C'est en voyant la sainte Eglise romaine, cette mère si vénérable et si chère, en butte aux plus terribles assauts à travers les siècles, que nous proclamons plus hautement d'où lui vient sa véritable force, et quels miracles Dieu saurait faire pour la sauver. Les tribulations momentanées qui l'éprouvent ne servent qu'à signaler avec plus d'éclat à nos regards l'appui divin sur lequel se fonde son immortelle durée.

Mais il n'en est pas moins certain qu'en dehors de l'ordre des faits purement miraculeux, la liberté de la conscience et l'indépendance de la vérité catholique furent, dans le dessein manifesté de Dieu, providentiellement unis à la liberté et à l'indépendance temporelle du Saint-Siége.

Oui, il faut, pour la sécurité de l'Eglise et pour la nôtre, que LE PAPE SOIT LIBRE ET INDÉPENDANT ;

Il faut que cette indépendance SOIT SOUVERAINE ;

Il faut que le Pape soit libre, ET QU'IL LE PARAISSE ;

Il faut que le Pape soit libre et indépendant, AU-DEDANS COMME AU-DEHORS.

Oui, cette noble tête, couronnée de la tiare sacrée, ne doit être courbée sous le joug d'aucune puissance étrangère. Le Pape, c'est notre Père et notre Roi, par la conscience et par la foi ; sa liberté, c'est donc la nôtre : et d'aucune des parties de l'univers, les regards de la grande famille catholique, de cette Eglise rachetée par le sacrifice de la croix, et conquise à la glorieuse liberté des enfants de Dieu par le sang de Jésus-Christ, ne doivent jamais voir indignement captif et enchaîné l'interprète auguste de la loi de Dieu, le guide suprême des consciences, le souverain des âmes. Toutes les consciences, toutes les âmes en souffriraient ; la foi, les lois morales, tous les intérêts les plus sacrés seraient captifs avec lui. Comme le disait naguère éloquemment, à la tribune de l'Assemblée nationale, celui des champions de l'Eglise qu'on voit toujours le premier sur la brèche au jour du péril, M. de Montalembert : « La liberté religieuse des catholi-
» ques a pour condition, *sine quâ non*, la liberté du Pape ; car, si le Pape,
» juge suprême, tribunal en dernier ressort, organe vivant de la loi et de

» la foi des catholiques, n'est pas libre, nous cessons de l'être. Nous
» avons donc le droit de demander à la puissance publique, au gouver-
» nement qui nous représente et que nous avons constitué, de nous ga-
» rantir à la fois et notre liberté personnelle en fait de religion, et la li-
» berté de celui qui est pour nous la religion vivante. »

C'est à ce point de vue, que la souveraineté temporelle du Pape n'est pas seulement une institution italienne, mais, comme le proclamait devant l'Assemblée nationale un Italien lui-même, la souveraineté du Pape *est une institution européenne, universelle, c'est une institution catholique, en un mot;* et en ce sens, comme l'écrivait l'ambassadeur de France : « Rome n'appartient pas exclusivement aux Romains; » ou, mieux encore, comme le disait autrefois, dans son langage expressif, l'illustre Archevêque de Cambrai : « Rome, c'est la commune patrie de tous les » chrétiens : tous sont concitoyens de Rome : tout catholique est Romain. » C'est pour cela, — qu'on le remarque bien, on chercherait vainement une autre cause; — oui, c'est pour cela que l'injure faite à la souverai- neté temporelle du Pape émeut en ce moment le monde entier, blesse au cœur toutes les nations catholiques, et nous fait pousser à tous un cri de douleur et d'effroi.

Mais pour être vraie, pour être sûre, la liberté du Pape doit être *sou- veraine.*

Le Pape ne peut-être le sujet d'aucun monarque particulier ; car nous pourrions craindre tous de l'être avec lui. Il lui faut une souveraineté in- dépendante. Les hommes les moins favorables à l'autorité temporelle du Saint-Siége, ceux-là même chez qui des préjugés déplorables avaient obscurci la droiture naturelle et la pureté des lumières de la foi, ont rendu hommage à cette vérité. Je ne veux pas profiter en ce moment des aveux des protestants sur ce point. Je me bornerai à citer ici une simple parole du président Hénaut; elle est d'un bon sens qui saisit : « *Le Pape a,* » dit-il, *à répondre dans l'univers à tous ceux qui y commandent; et par* » *conséquent aucun ne doit lui commander.* » (*Abrégé chron. de l'Hist. de Fr. Rem., sur la* 2e *race,* édit. de 1768.)

On l'a dit, et nous le répétons après les plus graves auteurs : les Pa- triarches de Constantinople, jouets avilis des empereurs ariens, mo- nothélites, iconoclastes sont l'image repoussante de ce qu'auraient pu devenir, ou du moins paraître, dans la suite des siècles, les Papes, ces colonnes inébranlables de la vérité, si Dieu ne les avait préservés par un perpétuel miracle : ou plutôt, s'il n'avait tiré des trésors de sa sagesse et de sa puissance, le moyen providentiel, également simple et fort, d'une souveraineté indépendante pour la sécurité de l'Eglise, MÈRE ET MAÎTRESSE de toutes les autres.

Les aveux de Fleury à cet égard sont bien remarquables, et trouvent ici naturellement leur place. « Depuis que l'Europe est divisée entre plu-
» sieurs princes, si le Pape eût été sujet de l'un d'eux, il eût été à craindre
» que les autres n'eussent eu peine à le reconnaître pour le Père commun,
» et que les schismes n'eussent été fréquents. On peut donc croire que
» c'est par un effet particulier de la Providence que le Pape s'est trouvé
» indépendant et maître d'un Etat assez puissant pour n'être pas aisé-
» ment opprimé par les autres souverains, afin qu'il fût plus libre dans
» l'exercice de sa puissance spirituelle, et qu'il pût contenir plus facile-
» ment tous les autres Evêques dans leur devoir. C'était la pensée d'un
» grand Evêque de notre temps. » (Fleury, *Hist. eccl.*, t. XVI, 4ᵉ disc.,
n° 10.) Ce grand Evêque, dont Fleury invoque l'autorité, est probablement Bossuet : je ne tarderai pas à citer ses paroles.

Sans doute, et je n'ai pas besoin de le faire observer, la Vérité, même captive, est toujours la Vérité. La bouche d'or de l'Orient, saint Jean Chrysostôme, le disait admirablement : La parole divine est comme le rayon du soleil, rien ne l'enchaîne, *radius solis vinciri non potest*. La Vérité est souveraine dans les prisons Mamertines comme au Vatican : Pierre est toujours libre dans les fers, toujours roi dans l'exil. Mais ce prodige qui, au besoin, ne manquerait point à l'Eglise, Dieu n'a pas voulu jusqu'à présent qu'il entrât dans le cours régulier de ses destinées, et qu'il fût le gage ordinaire de la paix promise à l'Eglise et aux âmes. Ce pourrait être un remède violent et momentané à des maux passagers, à des maux qu'il faudrait guérir, combattre, prévenir ; mais, encore un coup, les miracles, nous l'avons déjà dit, ne sont pas l'état régulier et permanent de l'institution divine ici-bas.

D'ailleurs il ne suffit pas que le Pape soit libre dans son for intérieur, il faut que sa liberté soit *évidente;* il faut qu'aux yeux de tous il *paraisse libre,* qu'on le sache, qu'on le croie, qu'il ne s'élève à cet égard ni un doute, ni un soupçon.

(17)

Il serait libre au fond de son âme, que s'il paraissait, je ne dis pas opprimé, mais simplement assujéti au joug d'un prince quelconque, de l'Empereur d'Autriche, par exemple, ou de l'Empereur de Russie; nous en
serions blessés, nous en souffririons tous : il ne nous semblerait plus assez libre. Une défiance naturelle affaiblirait peut-être pour plusieurs, à
leur insu, le respect et l'obéissance qui lui sont dûs. Il faut, en effet, que
son action, sa volonté, ses décrets, sa parole, sa personne sacrée, planent
toujours souverainement au-dessus de toutes les influences, de tous les
intérêts, de toutes les passions; et que ni les intérêts mécontents, ni les
passions irritées ne puissent protester contre lui avec une apparence quelconque de raison.

Et qu'on veuille bien entrer ici avec moi dans le fond même
de la question, et pénétrer la vraie nature de cette puissance sur-
naturelle personnifiée dans le Chef de l'Eglise. Cette Puissance, établie pour le bien de tous, n'a jamais rien à décréter qui flatte les intérêts
misérables ou les mauvaises passions des hommes; elle est l'ennemie ir-
réconciliable de l'égoïsme qui les trouble et les pousse entre eux aux di-
visions et aux révoltes. Il est donc de son honneur, comme de son devoir, de n'être, de ne paraître jamais suspecte, de s'élever toujours plus
haut que toutes les prétentions rivales, que toutes les préventions jalou-
ses. Il faut que ni les esprits chagrins qui murmurent, ni les esprits or-
gueilleux qui s'emportent, ni les esprits faibles qui se troublent, ni les
grands esprits qui s'égarent et que le Pape condamne, ni les rois qui oppriment leurs peuples et que le Pape reprend, ni les peuples qui se révol-
tent et que le Pape avertit; il faut que nul sur la terre ne puisse jamais
suspecter l'autorité, la sincérité, la parfaite indépendance de ses décrets. Or, il serait justement suspecté, s'il était courbé sous un Pouvoir,
sous une domination quelconque; il n'est pas d'effort, pas de sacrifice
qu'il ne dût faire pour arracher son autorité à ce péril; et j'ai, pour confirmer cette doctrine, l'exemple même et la parole du Pontife immortel
qui est en ce moment le spectacle du monde entier, et qui, en fuyant
Rome devant l'outrage et la violence, proteste solennellement en ces
termes : « Parmi les motifs qui Nous ont déterminé à cette séparation,
» celui dont l'importance est la plus grande, c'est d'avoir LA PLEINE LIBERTÉ
» DANS L'EXERCICE DE LA PUISSANCE SUPRÊME DU SAINT-SIÉGE, EXERCICE QUE

» L'UNIVERS CATHOLIQUE POURRAIT SUPPOSER A BON DROIT, DANS LES CIRCON-
» STANCES ACTUELLES, N'ÊTRE PLUS LIBRE ENTRE NOS MAINS. »

Nous n'ajouterons à cet irrécusable témoignage qu'une dernière considération politique ; et l'on comprend que par ce mot nous n'entendons parler que de la politique spirituelle de l'Eglise.

Comme elle plane au-dessus des passions particulières, de même l'Eglise doit planer au-dessus de ce qu'on peut appeler les passions internationales. Depuis la chute de l'empire romain, comme le remarque Fleury, la chrétienté a été partagée en un grand nombre d'états indépendants les uns des autres ; les uns petits et faibles, les autres grands et forts. Eh bien, il faut que les faibles et les petits, aussi bien que les forts et les grands, soient assurés de la haute impartialité du Père commun, et qu'ils ne puissent le soupçonner de favoriser les uns au préjudice des autres. On sait avec quels tristes et regrettables inconvénients les Papes d'Avignon furent autrefois trop dépendants des rois de France.

Toute cette doctrine, Bossuet l'a exprimée avec cette dignité et cette sûreté précise de langage à laquelle il n'y a rien à ajouter : « Dieu, » dit-il, qui voulait que cette Eglise, la Mère commune de tous les » royaumes, dans la suite ne fût dépendante d'aucun royaume dans le » temporel, et que le siége où tous les fidèles devaient garder l'unité, à la » fin fût mis au-dessus des partialités que les divers intérêts et les ja- » lousies d'Etat pourraient causer, jeta les fondements de ce grand des- » sein par Pepin et par Charlemagne. C'est par une heureuse suite de » leur libéralité, que l'Eglise indépendante de son chef de toutes les » puissances temporelles, se voit en état d'exercer plus librement, pour » le bien commun, et sous la commune protection des rois chrétiens, » cette puissance céleste de régir les âmes ; et que tenant en main la » balance droite, au milieu de tant d'empires souvent ennemis, elle en- » tretient l'unité dans tout le corps, tantôt par d'inflexibles décrets, et » tantôt par des sages tempéraments.» (*Discours sur l'Unité de l'Eglise.*)

Une telle autorité nous dispense d'insister.

Il nous reste maintenant à démontrer que le Pape doit être libre, indépendant, souverain, AU-DEDANS COMME AU-DEHORS : cette question sera le complément de celles que nous venons de traiter.

Nous osons inviter les esprits sérieux, les vrais catholiques, à nous suivre avec quelque attention. Notre zèle s'explique naturellement par l'importance du sujet; mais nous devons bien avouer aussi qu'il puise quelque chose de son ardeur dans la disposition de certains esprits. Nous ne voyons pas, sans douleur, cette triste facilité à jeter en proie aux ennemis du catholicisme, dans le vain espoir de les apaiser, les plus utiles comme les plus glorieux priviléges de l'Eglise. Croit-on qu'elle sera plus respectée quand on l'aura réduite à un symbole nu, et qu'on l'aura présentée au monde, dépouillée de toutes ses antiques prérogatives. Ce n'est pas un dogme, dit-on! Non, la souveraineté temporelle du Pape n'est pas *un dogme;* mais n'est-elle pas une conséquence temporelle de sa souveraineté spirituelle? Mais, si elle n'est pas identifiée à la vérité du catholicisme, n'est-elle pas identifiée à la sécurité, à la liberté, à la grandeur du catholicisme? La vérité est-elle tout, et la sécurité, la liberté, la grandeur de la vérité elle-même ne sont-elles rien? Les temples, les cathédrales, les sanctuaires ne sont pas non plus la religion : sacrifierez-vous donc les temples, les cathédrales et les sanctuaires à de nouveaux iconoclastes, révolutionnaires ou progressistes, sous le prétexte qu'on pourra toujours offrir le divin sacrifice au fond des forêts ou dans le creux des rochers? Catholiques! est-ce bien là la prudence, la délicatesse, l'ardeur de notre foi? Pour moi, fondé sur les preuves que j'ai déjà fournies, et sur celles que j'ai à donner encore, je ne vois bien clairement jusqu'ici pour le Pape que deux manières d'être dignement indépendant; l'histoire ne me montre guère que les prisons Mamertines ou le Vatican; la persécution avec un perpétuel miracle, ou la liberté sur le trône, dans l'ordre régulier de la Providence; la gloire du martyre ou la royauté libre, indépendante et souveraine.

Grâces à Dieu, sur tout cela, la Providence a suffisamment manifesté son dessein.

III.

M. Thiers dans son Histoire du *Consulat et de l'Empire,* rapporte en ces termes l'opinion du premier Consul sur la souveraineté du Pape :
« L'institution qui maintient l'unité de la foi, c'est-à-dire le Pape, » gardien de l'unité catholique, est une institution admirable. On re- » proche à ce Chef d'être un souverain étranger. Ce Chef est étranger, en

» effet, et il faut en remercier le Ciel. Le Pape est hors de Paris, et cela
» est bien ; il n'est ni à Madrid, ni à Vienne, et c'est pourquoi nous sup-
» portons son autorité spirituelle. A Vienne, à Madrid, on est fondé à en
» dire autant. Croit-on que, s'il était à Paris, les Viennois, les Espagnols
» consentiraient à recevoir ses décisions ? On est donc trop heureux qu'il
» réside hors de chez soi, et qu'en résidant hors de chez soi, il ne réside
» pas chez des rivaux, qu'il habite dans cette vieille Rome, loin de la
» main des Empereurs d'Allemagne, loin de celle des Rois de France ou
» des Rois d'Espagne, tenant là balance entre les Souverains catholiques,
» penchant toujours un peu vers le plus fort, et se relevant bientôt si le
» plus fort devient oppresseur. Ce sont les siècles qui ont fait cela, et ils
» l'ont bien fait. Pour le gouvernement des âmes, c'est la meilleure, la
» plus bienfaisante institution qu'on puisse imaginer. Je ne soutiens pas
» ces choses par entêtement de dévôt, mais par raison. »

Ces paroles, malgré quelques expressions auxquelles la vérité manque,
sont dignes d'un esprit éminent, qui sait, quand il le veut, se dégager avec
promptitude des préjugés étroits du temps et des hommes.

Oui, le Pape doit être libre, indépendant, souverain : mais il faut qu'il
le soit non-seulement *au-dehors*, comme nous l'avons démontré, et
comme M. Thiers vient d'en résumer les principales raisons ; il faut aussi
qu'il le soit AU-DEDANS.

Père commun de tous les fidèles et Roi de la grande famille des enfants
de Dieu, la Providence l'a fait aussi Père et Roi d'un peuple choisi entre
les peuples de la terre, d'une Cité privilégiée parmi les cités du monde.

Comme tous les princes temporels, le Pape se doit au bonheur de ses
sujets, il doit leur dispenser, dans une juste proportion, les biens d'une
liberté sage avec ceux d'une administration régulière et paternelle. Et
certes, l'immortel Pie IX, en mettant le pied sur la terre étrangère, a pu
prendre solennellement à témoin la ville qu'il fuyait et le monde entier
avec elle, qu'il avait fait spontanément pour le bonheur véritable et pour
la liberté de son peuple, plus que n'a fait aucun autre souverain de
l'Europe.

Mais si l'ordre est partout nécessaire avec la liberté, si partout la libre
action du pouvoir doit se concilier avec le jeu régulier des institutions,
pour garantir la prospérité et la sécurité des peuples eux-mêmes, si le

respect de l'autorité est la loi de la paix publique et la sauvegarde du droit social; il est vrai de dire qu'à Rome les intérêts les plus sacrés de l'univers chrétien, le maintien de l'équilibre européen tout entier, demandent que le gouvernement temporel du Chef suprême de toute la Catholicité, soit indépendant et affranchi du joug des factions intestines aussi bien que de l'influence des puissances étrangères.

Il est manifeste en effet que si le Pape souffrait violence dans ses Etats, que si les caprices de la multitude ou les prétentions audacieuses des partis le courbaient sous une action turbulente et tyrannique, à cet instant la sécurité de l'Eglise tout entière serait profondément ébranlée. Tous les Etats chrétiens qui ne peuvent pas, et avec raison, tolérer que le Pape appartienne à une autre puissance qu'à lui-même, se sentiraient blessés. Si le poignard à la main, l'émeute triomphante venait assiéger dans son palais l'héritier du Pontificat sacré, et du Principat que la Providence y attacha depuis quatorze siècles; si après avoir assassiné son ministre, elle le menaçait d'incendier sa maison, d'égorger ses plus fidèles serviteurs, et ne lui promettait leur vie sauve qu'au prix d'une abdication forcée, et du sacrifice de droits inaliénables; ce serait fait non-seulement du gouvernement des Etats pontificaux, mais de la sécurité, de la dignité, de la liberté du gouvernement de l'Eglise universelle.

Alors nous verrions ou du moins nous pourrions voir un ministère né de l'assassinat et de la révolte, parler, agir, décréter au nom du Souverain Pontife; nous pourrions voir abriter sous son manteau sacré l'usurpation hypocrite des droits inhérents à l'autorité suprême du Vicaire de Jésus-Christ; nous pourrions voir des lois ecclésiastiques faites par une assemblée laïque et rebelle, ou plutôt par une faction anarchique et impie. Nous pourrions aussi voir proclamer *des articles organiques* contraires à l'antique discipline de l'Eglise et à tous les droits de la hiérarchie sacrée; nous pourrions voir les Evêques, les prêtres, les religieux proscrits ou condamnés à des serments que réprouvent la liberté la plus intime et le cri de la conscience chrétienne; nous pourrions voir enfin l'éducation de la jeunesse livrée à un monopole subversif des droits de la religion et de la famille. Et la raison de tous ces excès, il n'y en aurait qu'une, c'est que le Pape ne serait plus libre, indépendant et souverain à Rome.

Nous savons bien que l'Héritier des Léon, des Grégoire, des Innocent et que le Successeur de Pie VI et de Pie VII, de ces Pontifes magnanimes qui opposèrent un cœur invincible aux passions des princes, saurait, lui aussi, opposer un front d'airain aux passions des peuples. Nous le savons bien : le martyre au besoin rétablirait l'indépendance du Vicaire de Jésus-Christ, et son sang effacerait jusqu'à la dernière trace de ces lois usurpatrices et sacriléges.

Mais grand Dieu ! quel scandale, pour toute l'Eglise, que ces choses aient été tentées sous les yeux du Roi-Pontife ! Quelle douleur qu'il ait été réduit pendant ce temps à presser son crucifix sur sa poitrine en protestant contre la violence ; et que relégué au fond d'un jardin solitaire, le Souverain Pasteur des ames ait dû, la face prosternée contre terre, dans ce nouveau Gethsémani, boire le calice de sa Passion jusqu'à la lie la plus amère !

Non, non, c'en est assez, c'en est trop. A Rome plus qu'ailleurs, non-seulement à raison des intérêts les plus élevés et les plus universels, mais à raison des convenances divines elles-mêmes, que l'impiété ou la déraison seules peuvent méconnaître, il faut, comme l'avait voulu Pie IX, il faut à Rome plus qu'ailleurs l'indépendance vraie du Souverain, alliée dans une généreuse et prudente économie, au bonheur véritable et à la sage liberté des peuples.

Il le faut, parce qu'il faut que l'univers catholique soit respecté dans son Père et son Roi !

Et, s'il était nécessaire d'ajouter quelque chose à ces raisons si claires et si fortes, croit-on, par exemple, que la liberté des Congrégations sacrées, chargées de répondre chaque jour à toutes les consultations du monde chrétien ; croit-on surtout que la liberté de l'élection du Souverain Pontife et l'indépendance du Conclave qui doit la faire, n'importent pas à la sécurité de l'Eglise et aux exigences légitimes, impérieuses de toutes les nations chrétiennes ?

Croit-on qu'il soit tolérable à nos âmes de voir des assassins et des émeutiers entourer le Quirinal, disperser le Sacré-Collége, faire mourir le Pape de douleur, et lui préparer un successeur ?

Croit-on que nos consciences trouveraient alors une consolation suffisante à penser que la Papauté et la sainte Eglise catholique ont des promesses d'immortalité ! et qu'enfin, puisque la Providence veille toujours, nous pouvons demeurer en paix et dormir tranquilles?

Eh bien, non ! Nous l'avouerons humblement : la béatitude ou plutôt l'insouciance de notre foi ne va pas jusque-là !

Mais, je le sens, l'insistance ici lasserait nos lecteurs ; elle fatigue ma plume.

Voici, du reste, à cet égard, ce que pensait naguère, au milieu même des préventions du protestantisme, un historien célèbre, à qui la droiture de son esprit et de son cœur a mérité depuis la bénédiction de Dieu. M. Hurter écrivait dans sa *Vie d'Innocent III* :

« La sûreté du pays et de la ville, d'où le Souverain Pontife doit
» veiller au maintien et à la conservation de l'Eglise dans toutes les autres
» contrées, est une des conditions essentielles pour remplir les devoirs
» d'une position si élevée. Comment, en effet, le Pape pourrait-il planer
» sur tant de relations diverses, donner conseil et assistance, prendre des
» décisions dans les affaires innombrables de toutes les Eglises, veiller à
» l'extension du royaume de Dieu, repousser les attaques contre la foi,
» parler librement aux rois et aux peuples, s'il ne trouvait le repos dans
» sa propre maison ; si les complots des méchants le forçaient à concen-
» trer sur ses propres Etats le regard qui devait embrasser le monde ; à
» combattre pour le soin de son propre salut et de sa liberté, ou à cher-
» cher en fugitif protection et asile chez l'étranger ? »

« Nous le disons franchement, » écrivait encore (1) un publiciste qui a marqué sa place dans les rangs de l'opinion démocratique la plus avan- cée, « nous le disons franchement, les puissances catholiques ont un
» intérêt réel, considérable, un intérêt pris dans leur propre sécurité et
» leur propre conservation, à ce que l'autorité temporelle des Papes
» soit maintenue dans la métropole de leur Souveraineté spirituelle.
» Lorsque la déposition du Chef de l'Eglise, comme Souverain tempo-
» rel, peut entraîner dans les sociétés tant de malheurs, tant de désastres,
» lorsqu'elle peut avoir pour conséquence la ruine d'une institution uni-
» verselle, du salut de laquelle dépendent le repos des consciences et la
» paix du monde, — n'est-on pas conduit à se demander si, au nom de
» son indépendance, un petit peuple qu'une main étrangère a seule élevé,

(1) Dans le *Courrier Français*.

» et que des mains étrangères ont seules soutenu au rang des Etats, peut
» prétendre, à bon droit, qu'à lui seul il appartient de prendre souverai-
» nement une décision si redoutable ? »

Cette question se décide non-seulement par les principes du droit public européen, mais aussi par les principes du droit public universel de
toutes les nations catholiques. Il est manifeste que, dans le monde entier,
toutes les nations, filles de l'Eglise romaine, sont profondément intéres-
sées à conserver la puissance temporelle du Pape comme une garantie
moralement nécessaire à leur liberté religieuse ; et que tous les principes
du droit des gens les autorisent à intervenir dans ce but, surtout quand
il ne s'agit d'ailleurs que de protéger les vœux réels et la liberté des populations contre des étrangers et des factieux qui les oppriment.

C'est ce que le courageux et infortuné comte Rossi disait avec énergie
à ces factieux, dans Rome même :

« Quant au trône pontifical, la chose est plus sérieuse encore. L'indé-
» pendance du Souverain Pontife est sous la garantie commune de la
» conscience des catholiques. Rome, avec ses monuments élevés par les
» trésors de l'Europe entière ; Rome, centre et tête du catholicisme, ap-
» partient aux Chrétiens encore plus qu'aux Romains mêmes. Tenez-vous
» bien pour avertis que NOUS NE VOUS LAISSERONS PAS DÉCAPITER LA CHRÉ-
» TIENTÉ, et réduire le Pape fugitif à demander un abri qu'on pourrait
» faire payer cher à sa liberté. » (*Revue des Deux-Mondes*, tome 24,
15 décembre 1848, page 1837.)

Il y a dans tout ceci une grande considération que nous n'avons pas
touchée jusqu'à présent ; nous ne pouvons la passer sous silence.

Il faut que le Pape soit libre, indépendant, souverain au-dehors et
au-dedans ; au-dedans, pour l'être au-dehors : nous venons d'en voir
les invincibles raisons.

Mais il le faut encore, afin qu'il puisse demeurer toujours en bonne
harmonie avec toutes les nations chrétiennes, garder au milieu de leurs
querelles une neutralité conciliatrice, et être toujours sur la terre le vrai
Prince de la paix, comme il convient au caractère divin qu'il représente.

Oui : il faut que le Père commun puisse toujours élever des mains
pures et pacifiques sur la montagne sainte, pour faire descendre l'esprit
d'union et de concorde entre les princes et les peuples chrétiens.

La terre, dit saint Augustin, est quelquefois agitée par les guerres comme la mer l'est par les tempêtes. Le genre humain a ses orages; le ciel se couvre : tout paraît quelquefois entraîné dans un tourbillon de guerre universelle : qu'il y ait au moins un peuple qui échappe au redoutable tourbillon! qu'il y ait au moins une cité d'où la pacification puisse venir (1)! Si les guerres sont parfois inévitables, si parfois elles arment les mains les plus pures dans l'intérêt de la défense légitime, elles n'en sont pas moins, ajoute le saint Docteur, un jeu sanglant des démons : *ludi Dæmonum. La condition de ceux qui font la guerre est quelquefois nécessaire. Mais la condition de ceux à qui la guerre est épargnée et qui l'épargnent aux autres est sans contredit la plus heureuse.*

Romains, entendez ces paroles : ne vous plaignez pas du noble et glorieux privilége que vous donne le Pontife-Roi, lorsqu'il vous affranchit des tristes nécessités de la guerre, et vous assure une neutralité pacifique, honorable et toujours indépendante au milieu des nations chrétiennes!

Pour nous, c'est avec reconnaissance que nous nous associerons au vœu naguère exprimé dans le sein de l'Assemblée nationale par un honorable représentant de la France (2) :

« Croyez-vous que l'Etat romain, ayant pour capitale la ville éternelle,
» avec les intérêts catholiques qui s'y rattachent, ne soit pas dans l'uni-
» vers d'une tout autre importance que la Belgique! Pour moi, je suis
» convaincu qu'après les événements déplorables et criminels qui vien-
» nent de s'accomplir en Italie, à Rome, je suis convaincu, dis-je, que ces

(1) L'intérêt du genre humain, dit Voltaire, demande un frein qui retienne les souverains et qui mette à couvert la vie des peuples : ce frein de la religion aurait pu être, par une convention universelle, dans les mains des Papes. Ces Premiers Pontifes, en ne se mêlant des querelles temporelles que pour les apaiser, en avertissant les rois et les peuples de leurs devoirs, en reprenant leurs crimes, en réservant les excommunications pour les grands attentats, auraient toujours été regardés comme des images de Dieu sur la terre. (*Essai sur l'hist. gén.*, ch. 60.)

Je serais d'avis, dit Leibnitz, d'établir à Rome même un tribunal (pour juger les différends entre les princes), et d'en faire le Pape président; comme, en effet, il faisait autrefois figure de juge entre les princes chrétiens. Voilà des projets qui réussiront aussi aisément que celui de M. l'abbé de Saint-Pierre (le projet d'une paix perpétuelle en Europe). Mais, puisqu'il est permis de faire des romans, pourquoi trouverons-nous mauvais la fiction *qui nous ramènerait le siècle d'or.* (Deuxième lettre à M. Grimaret, *Œuvres de Leibnitz,* tome v, page 65.)

(2) M. Charles Dupin.

» intérêts vont commander l'attention la plus profonde de toutes les puis-
» sances chrétiennes ; je suis convaincu qu'il sortira de cet intérêt là un
» bienfait que j'invoque de tous mes vœux. Oui, les puissances chrétiennes
» feront pour les Etats romains ce qu'elles ont fait pour la Belgique ;
» elles proclameront la neutralité perpétuelle des Etats du Saint-Père et
» les placeront sous la sauvegarde de toute la chrétienté ; toutes les na-
» tions catholiques assureront au Saint-Père sa permanence perpétuelle
» dans les Etats qu'il tient de la puissance française depuis dix siècles.
» Voilà mes vœux, voilà mon espoir. J'ai la ferme croyance que les nations
» chrétiennes ne resteront pas sourdes à ce vœu, et qu'elles l'accompli-
» ront. » (*Moniteur*, 30 novembre.)

Pour n'avoir pas toujours compris ces choses, non plus que les droits
de la Religion et les intérêts sacrés de la liberté et de la justice, Napoléon
sentit chanceler sa puissance. Certes ce fut une lutte mémorable que celle
dans laquelle on vit le plus doux, le plus tendre et le plus clément des
Pontifes aux prises avec le plus dur et le plus violent des Césars. Mais
dans cette lutte, la force pacifique devait l'emporter : le droit de la paix
et d'une neutralité sacrée devait triompher des saillies impétueuses du
conquérant ; et, lorsque Pie VII, selon les paroles de M. de Maistre,
sommé avec tout l'ascendant de la terreur de déclarer la guerre à l'Angleterre, répondit qu'*étant le Père commun de tous les chrétiens, il ne
pouvait avoir d'ennemis parmi eux ;* lorsqu'après avoir dit ces paroles,
l'invincible Pape, plutôt que de céder, aima mieux se laisser outrager,
chasser, emprisonner, et commença enfin ce long martyre qui le fait encore aujourd'hui l'admiration du monde ; il fut à la fois la victime généreuse et le défenseur triomphant de ce principe tutélaire qui place le
Siége apostolique et sa puissance temporelle dans une région supérieure
d'indépendance et de paix.

Vainement Napoléon s'emporta-t-il aux dernières violences : la force
brutale du guerrier fut vaincue par la douceur indomptable de l'angé-
lique Pontife.

Vainement ensuite Napoléon, essayant la discussion théologique, disait-
il à M. Emery, supérieur de Saint-Sulpice, en présence des Evêques
rassemblés aux Tuileries :

« *Je ne vous conteste pas la puissance spirituelle du Pape, puisqu'il l'a reçue de Jésus-Christ; mais Jésus-Christ ne lui a pas donné la puissance temporelle; c'est Charlemagne qui la lui a donnée, et moi Successeur de Charlemagne, je veux la lui ôter, parce qu'il ne sait pas en user, et qu'elle l'empêche d'exercer ses fonctions spirituelles. M. Emery, que pensez-vous de cela?*

» *Sire*, répondit le prêtre, *Votre Majesté honore Bossuet, et se plaît à nous le citer souvent. Voici ses paroles, je les sais par cœur :*

« Nous savons que les Pontifes romains possèdent aussi légitimement
» que qui que ce soit sur la terre des biens, des droits et une Souverai-
» neté (*bona, jura, imperia*). Nous savons de plus que ces possessions,
» en tant que dédiées à Dieu, sont sacrées, et qu'on ne peut, sans com-
» mettre un sacrilége, les envahir. Le Siége apostolique possède la souve-
» raineté de la ville de Rome et de ses Etats, afin qu'il puisse exercer sa
» puissance spirituelle dans tout l'univers PLUS LIBREMENT EN SÉCURITÉ ET
» EN PAIX. (*Liberior ac tutior.*) NOUS EN FÉLICITONS NON-SEULEMENT LE SIÉGE
» APOSTOLIQUE, MAIS ENCORE TOUTE L'ÉGLISE UNIVERSELLE; *et nous souhaitons*
» *de toute l'ardeur de nos vœux que ce Principat sacré demeure à jamais*
» *sain et sauf en toutes manières.* (1)»

Napoléon vaincu se retira. Quelques Evêques ayant voulu lui dire «que M. Emery, accablé d'un grand âge, lui avait peut-être déplu.» «Vous
» vous trompez, reprit-il, je ne suis pas irrité contre l'abbé Emery; il
» a parlé comme un homme qui sait et qui possède son sujet; c'est ainsi
» que j'aime qu'on me parle.» Puis en sortant, il salua M. Emery avec une marque sensible d'estime et de respect.

Peu de jours après avoir rendu ce témoignage courageux à la Papauté captive, M. Emery, âgé de 80 ans, mourut, heureux en cela que sa longue et sainte carrière ne pouvait se terminer plus glorieusement, ni devant Dieu ni devant les hommes.

Malheureusement les conseils de M. Emery avaient été invoqués trop tard. Mais oublions nos regrets : la Providence a ses voies qui ne sont pas les nôtres. Chaque temps a ses épreuves et ses secours. Chose étrange ! Le neveu de Napoléon, le Président élu de la République française, vient d'écrire au représentant du successeur de Pie VII :

« La souveraineté temporelle du chef vénérable de l'Eglise est intime-

(1) Bossuet, *Défens. déclar.*, lib. 1, sect. I, cap. 16, pag. 273.

» ment liée à l'éclat du catholicisme comme à la liberté et à l'indépendance
» de l'Italie. »

IV.

ÉTABLISSEMENT PROVIDENTIEL DE LA SOUVERAINTÉ TEMPORELLE DU SAINT-SIÉGE.

Tel est donc le dessein, et, si je l'ose dire, la pensée de Dieu dans l'établissement de la puissance temporelle du Saint-Siége : tels sont les graves motifs, la haute raison, et comme le droit providentiel et divin de cette souveraineté du Vicaire de Jésus-Christ.

Etudions maintenant le fait, pour mieux confirmer encore le droit : voyons historiquement par quelles voies admirables s'est accomplie la pensée, le dessein de Dieu sur son Eglise.

Quels sont dans l'histoire, les titres de ce Principat sacré? y a-t-il au monde, pouvons-nous dire avec Bossuet, y eut-il jamais dans la suite des siècles, un Pouvoir dont les origines soient aussi pures et aussi nobles; un Etat fondé à la face du soleil sur des bases aussi légitimes, sur des faits aussi honorables?

Le grand génie de Bossuet en était frappé, en même temps que son cœur d'Evêque en concevait une sainte allégresse. Nous avons cité ses paroles. Un illustre publiciste de notre époque (1) s'est exprimé de son côté en des termes qui ne sont pas moins remarquables :

« Il n'y a pas en Europe de souveraineté plus justifiable, s'il est per-
» mis de s'exprimer ainsi, que celle des Souverains Pontifes. Elle est
» comme la loi divine, *Justificata in semetipsa.*

» Mais ce qu'il y a de véritablement étonnant, c'est de voir les Papes
» devenir Souverains sans s'en apercevoir, et même à parler exactement,
» malgré eux. Une loi invisible élevait le Siége de Rome, et l'on peut
» dire que le Chef de l'Eglise universelle naquit souverain. De l'échafaud
» des martyrs il monta sur un trône qu'on n'apercevait pas d'abord,
» mais qui se consolidait insensiblement comme toutes les grandes
» choses. »

En effet, aussi loin que l'on remonte à travers les siècles, on trouve dans la Papauté une sorte de magistrature temporelle, assise, honorée et souveraine parmi les fidèles de Rome. La trace en est déjà sensible dans les annales

____

(1) Le comte de Maistre.

de ces temps reculés, et pourrait être remarquée dans les Epîtres même de saint Paul. Cette magistrature siégea d'abord aux Catacombes. Là, le Pontife, selon la doctrine et les exhortations du grand Apôtre (1), jugeait les premiers fidèles ; et la souveraineté de cet auguste et pacifique arbitrage s'étendait à toutes leurs affaires même séculières, à toutes les contestations qui pouvaient s'élever parmi eux et troubler la bonne harmonie des familles. Rien n'était plus humble, plus caché, plus inaperçu que ce pouvoir : et toutefois, Rome païenne s'en troublait. Le Pape portait sur son front le caractère d'un sacerdoce si éminent, comme le dit Bossuet, *que l'Empereur qui portait parmi ses titres celui de Souverain Pontife, le souffrait dans Rome avec plus d'impatience qu'il ne souffrait dans les armées un César qui lui disputait l'Empire.*

Lorsque l'Eglise sortit des Catacombes, cette magistrature, que la nécessité des temps, le respect et la confiance des premiers chrétiens avaient consacrée, resta debout, pour recevoir des princes et des peuples les accroissements providentiels et successifs qui lui étaient réservés ; et pour devenir dans la suite des âges cette Souveraineté temporelle que nous voyons aujourd'hui, mais *dont la Providence n'avait point encore prononcé le nom* (2).

Cette opération cachée est un des spectacles les plus curieux de l'histoire ? En effet, *on ne trouve ici ni traité, ni combats, ni intrigues, ni usurpations* (3) : en remontant, l'investigation la plus scrupuleuse trouve toujours une Puissance établie comme d'elle-même ; Puissance paisible, désintéressée, bienfaisante, à laquelle la Chrétienté tout entière, peuples comme rois, s'empresse de former un apanage indépendant.

C'est Constantin, c'est Théodose, ce sont tous les empereurs vraiment chrétiens ; et puis, après la chute de l'empire d'Occident, c'est Pepin, c'est Charlemagne, Henri, Othon, la comtesse Mathilde qui apparaissent, visiblement choisis de Dieu pour constituer cette Souveraineté si précieuse à la dignité et à l'indépendance de l'Eglise. Mais la force des choses, comme nous l'avons fait observer déjà, avait commencé ce grand ou-

(1) Cor. 1. ch. 6.
(2) M. de Maistre.
(3) Ibid.

vráge bien avant Constantin : et les faits que l'histoire nous révèle ici ne sont pas les moins curieux de tous.

Dans le temps même des plus violentes persécutions, dans ces jours où l'Eglise romaine, glorieuse martyre du Seigneur, versait tout son sang au Colysée, elle exerçait déjà dans le monde entier, sur tous les fidèles dispersés, sa souveraineté spirituelle ; et dès lors Dieu lui donnait convenablement tous les moyens temporels, tous les secours dont elle avait besoin pour l'exercice de cette autorité sacrée.

Mère et maîtresse de toutes les Eglises, l'Eglise de Rome était dès lors, comme elle devait l'être, la plus riche, la plus puissante et aussi la plus généreuse par ses libéralités.

Tous les fidèles, répandus sur la face de la terre, la vénéraient comme le centre de la catholicité et lui prodiguaient leurs biens avec leur obéissance et leur amour. Ils ne voulaient pas que le Chef de la Religion et le Vicaire de Jésus-Christ fût au-dessous des immenses besoins de son administration spirituelle ; ils voulaient que le Pape pût suffire à toutes les exigences de la mission universelle qui lui était donnée, à toutes les énormes dépenses qu'il était obligé de faire pour le salut de tant de peuples confiés à ses soins, et aussi pour les nations encore infidèles auxquelles il devait envoyer la lumière de la foi avec des Evêques, des prêtres, des diacres, des missionnaires apostoliques. De là les richesses de l'Eglise romaine dès le temps des persécutions ; de là les possessions considérables dont elle jouissait long-temps avant Constantin ; et de là aussi les libéralités qu'elle versait dans le monde.

Elle fournissait, nous dit Eusèbe, à l'entretien d'un grand nombre de clercs, de veuves, d'orphelins, de pauvres, comme à la propagation de la foi et à la fondation de chrétientés nouvelles dans les pays les plus éloignés : Eusèbe cite la Syrie et l'Arabie : nos propres histoires y ajoutent les Gaules et les Espagnes. Ce n'était pas tout ; il fallait qu'au fond des catacombes où elle siégeait encore, la Papauté entretînt des notaires apostoliques pour tenir les actes des martyrs, et répondre sans cesse aux consultations chaque jour renouvelées des Eglises, en même temps qu'elle couvrait les mers des nombreux navires chargés de ses aumônes.

Telle était, avant même la paix rendue à l'Eglise, la puissance temporelle dont la foi des fidèles entourait le siége apostolique, et dont la charité des Papes faisait un si noble usage pour le bonheur des peuples.

Les monuments, les faits les plus célèbres, nous apprennent que l'Eglise romaine, pour subvenir à tant de besoins, possédait non-seulement des vases d'or et d'argent et des objets mobiliers en grand nombre, mais aussi *des biens-fonds* considérables. Les païens quelquefois respectaient, quelquefois lui enlevaient violemment ces propriétés. Constantin ordonna de restituer au clergé, dit Eusèbe, *les maisons, les possessions, les champs, les jardins et autres biens dont il avait été injustement dépouillé.* Chose étrange! le paganisme reconnut à l'Eglise ce droit de propriété que lui contestent aujourd'hui des nations qui se disent chrétiennes!

Avec Constantin, tout changea de face dans l'univers. Dès le lendemain du jour où, vainqueur par la croix, il monta sur le trône de l'empire et du monde, il fut manifeste à tout regard attentif que la Providence déclarait enfin ses pensées, et que la ville éternelle allait bientôt avoir un autre maître.

Dès lors on sent, on voit qu'une immense révolution se prépare dans le monde romain, et s'accomplit par des moyens d'une force et d'une douceur merveilleuses. Constantin fut le premier à le sentir, et il devint comme le héraut de la Providence. Quand il transporta le siége de l'empire des bords du Tibre aux rives du Bosphore ; quand d'une ville de pêcheurs, il fit la ville impériale ; du même coup, il fit de Rome la Cité sainte. Eut-il la conscience de cette grande nouveauté? Dieu lui donna-t-il de comprendre que Rome était devenue la conquête de la croix, que trois siècles de persécutions, et le sang de plusieurs millions de martyrs, l'avaient suffisamment payée; et que désormais les pompes humaines devaient disparaître devant les fêtes sacrées, l'empereur devant le Pontife?.....

Il se retira.

Dès lors, pour le bien des peuples eux-mêmes, le Vicaire de Jésus-Christ dut remplacer à Rome César absent; ou plutôt, comme le dit le comte de Maistre : «*La même enceinte ne pouvait renfermer l'empe-* » *reur et le Pontife; Constantin céda Rome au Pape.* De ce moment, » on sent que les empereurs ne sont plus chez eux à Rome; ils ressem- » blent à des étrangers qui de temps en temps viennent y loger avec per-

» mission. Mais voici qui est plus étonnant encore : Odoacre, avec ses Hé-
» rules, vient mettre fin à l'empire d'Occident, en 475. Bientôt après les
» Hérules disparaissent devant les Goths, et ceux-ci à leur tour cèdent la
» place aux Lombards, qui s'emparent du royaume d'Italie. Quelle force
» pendant plus de trois siècles empêchait tous ces princes de fixer d'une
» manière stable leur trône à Rome? Quel bras les repoussait à Milan, à
» Pavie, à Ravenne, etc. »

Et cependant les Pontifes romains, souverains de Rome, sans le vouloir, presque sans le savoir, ne cessaient de travailler pour y maintenir la puissance des empereurs de Constantinople, et employaient avec un imcomparable dévouement tout ce qu'ils avaient d'autorité à nourrir dans le cœur des peuples la fidélité envers leurs maîtres. Mais c'était en vain; une force invisible dotait le Siége de Rome de la souveraineté temporelle, et formait le patrimoine indépendant de saint Pierre. Sous la main de la Providence, tous y travaillaient comme de concert : l'Orient, l'Occident, les rois et les peuples, les grands et les petits; il y avait entre tous une admirable émulation de générosité, d'affection, de reconnaissance envers le Saint-Siége.

Dès le quatrième siècle, les possessions et les domaines de l'Eglise de Rome formaient des seigneuries et des principautés considérables.

« Toutes les vies des Papes, dit Fleury, depuis saint Silvestre, et le
» commencement du quatrième siècle jusqu'à la fin du neuvième, sont
» pleines de présents faits aux églises de Rome par les papes, par les em
» pereurs et par quelques particuliers; et ces présents ne sont pas seule
» ment des vases d'or et d'argent, mais des maisons dans Rome, et des
» terres à la campagne, non-seulement en Italie, mais en diverses pro
» vinces de l'empire. »

Au sixième siècle, d'après les monuments les plus authentiques, l'Eglise romaine avait des territoires considérables, non-seulement en Italie, comme à Rome, à Naples et en Calabre, mais en Dalmatie, en Sicile, en Sardaigne, en Corse, en Espagne, dans les Gaules, en Afrique et en plusieurs autres provinces.

Parmi ces possessions, les unes étaient de simples biens-fonds dont l'Eglise romaine percevait les revenus; d'autres, de véritables principautés qui embrassaient quelquefois des villes et des provinces entières, comme le pays des Alpes Cottiennes, comprenant la ville de Gênes et toutes les côtes de la Ligurie, jusqu'aux frontières des Gaules. Le Pape exerçait dans ces provinces, par des gouverneurs, tous les droits d'une souveraineté véritable.

Les historiens observent que *la plus grande partie des patrimoines de l'Eglise romaine en Sicile et en Calabre, lui avait été donnée par les empereurs, depuis Théodose-le-Grand, en échange de ceux qu'elle possédait dans plusieurs provinces de l'Orient, et dont il lui eût été difficile de percevoir les revenus à cause des fréquentes irruptions des Barbares dans ces provinces* (1).

La souveraineté temporelle des Papes s'établissait donc insensiblement et comme à leur insu, par un accord providentiel des princes et des nations catholiques. Les donations des empereurs, la pieuse générosité des fidèles, préparaient ainsi aux successeurs de saint Pierre une Royauté dont l'influence tutélaire devait rendre bien plus de bienfaits qu'elle n'en avait reçus. C'était l'œuvre de la foi, du respect, de l'amour des siècles chrétiens; c'était l'œuvre d'une Providence attentive qui devait bientôt donner à cette royauté une sanction nouvelle dans le vœu unanime des populations italiennes.

V.

Nous avons maintenant à révéler un des titres les plus incontestables de la Souveraineté temporelle des Papes, et de tous le plus beau, le plus noble peut-être. Non-seulement les Papes ne s'imposèrent point aux peuples, comme nous l'avons vu; mais, ce qu'il importe singulièrement de remarquer, c'est que ce furent les peuples eux-mêmes, les peuples abandonnés de leurs anciens maîtres et réduits au désespoir, qui supplièrent les Papes de les gouverner et de les sauver. Ce fut un grand spectacle, unique et incomparable dans les annales du monde. Il y a eu sans doute sur la terre des royautés plus puissantes ; nous n'en connaissons pas qui, comme celle des Papes, tienne du droit de ses bienfaits, des besoins, des vœux et de l'acclamation unanime des peuples, le droit de s'appeler la royauté de la Providence.

Nous n'avons d'ailleurs ici qu'à redire rapidement des faits connus et au-dessus de toute contestation.

(1) *Du pouvoir du Pape au moyen-âge.*

Qui ne sait que les populations italiennes livrées sans défense aux incursions barbares, trahies par ceux qui devaient les protéger, ravagées, désolées pendant deux cents ans, par les Huns, par les Goths, par les Hérules, par les Lombards, tournèrent d'un commun accord leurs regards vers l'autorité tutélaire des Papes, qui seule pouvait leur servir d'asile et de rempart? Au milieu de ces calamités épouvantables, impossibles à décrire, les Pontifes de Rome étaient devenus le refuge unique de tous les malheureux.

Qui ne sait que le grand Pape saint Léon sauva seul deux fois la ville de Rome et les Romains des fureurs d'Attila et de Genséric? Qui ne sait que pendant vingt-sept années le Pape saint Grégoire préserva la Cité sainte du glaive des Lombards? Ces conquérants farouches sentirent la rage et la menace expirer sur leurs lèvres; et les flots de leur orgueil vinrent se briser aux pieds du Pontife de Rome désarmé, comme devant l'apparition même de l'ange du Seigneur.

Et ce n'était pas seulement dans les crises désespérées qu'on avait recours aux Papes; en toutes choses, de tous côtés, on s'adressait à eux. Toutes les affaires importantes leur étaient portées; rien de grand ne se faisait sans eux. Qui ne sait que le Pape Agapit, au sixième siècle, traita, pour les peuples d'Italie, de la paix, entre Théodat, roi des Goths, et l'empereur Justinien? Athalaric et Théodat ayant fait aux Romains des donations importantes, ce fut le Pape Vigile qui, dans un voyage à Constantinople, obtint de Justinien une constitution impériale dont l'objet principal était de confirmer ces donations.

Vers le même temps, Cassiodore, sénateur romain, nommé préfet du prétoire, écrivait à Jean II : « C'est vous qui êtes le gardien et le chef du » peuple chrétien; sous le nom de Père, vous dirigez tout; la sécurité » publique dépend de votre puissance et de votre renommée. Nous n'a- » vons qu'une faible part de sollicitude et d'autorité dans le gouverne- » ment de l'Etat; vous l'avez tout entière. Sans doute vous êtes le pas- » teur spirituel du troupeau; mais vous ne pouvez négliger ses intérêts » temporels : il est d'un père véritable de prendre soin à la fois, pour » ses enfants, et des choses de la terre et des choses du ciel (1). »

(1) Vos enim speculatores christiano populo præsidetis, vos Patris nomine omnia dirigitis. Securitas ergò plebis ad vestram respicit famam cui divinitus est commissa cus-

Ce langage, tenu par un préfet du prétoire, c'est-à-dire par un des premiers officiers de l'empire, étonnerait, si on ne savait pas que l'Italie en détresse ne cessait d'implorer, mais en vain, le secours des empereurs. Les peuples périssaient de faim et de misère; les villes étaient démantelées, incendiées; les campagnes ruinées : les habitants violemment dispersés erraient çà et là à la merci des Barbares.

Dans une situation si déplorable, la principale et l'unique ressource de l'Italie était l'autorité du Saint-Siége et la charité des Papes. Leur protection était nécessaire non-seulement aux pauvres peuples, mais aux *exarques* eux-mêmes, qui, de Ravenne, bon gré mal gré, étaient obligés de l'implorer sans cesse, tantôt pour subvenir aux frais de l'administration dans les provinces, tantôt pour apaiser les populations irritées, tantôt pour négocier avec les Lombards. En un mot, les Papes étaient devenus, par la seule force des choses, par le besoin impérieux qu'on avait d'eux et de leur autorité, le centre de tout le gouvernement et de toutes les affaires publiques en Italie. C'était comme une souveraineté involontaire, mais réelle et nécessaire.

Les auteurs modernes, les moins favorables à l'Eglise, ne peuvent s'empêcher, malgré tous leurs préjugés, de rendre hommage sur ce point au Saint-Siége, et de reconnaître la légitimité supérieure de cette grandeur nouvelle et le caractère providentiel des circonstances qui élevaient peu à peu la Souveraineté temporelle des Papes sur les ruines de la puissance impériale.

« Une autre cause, dit l'un de ces auteurs, amenait et justifiait même la
» révolution qui allait s'opérer en Italie contre les empereurs grecs;
» c'était l'abandon presque absolu dans lequel ils laissaient, depuis deux
» siècles, les provinces qu'ils possédaient dans cette contrée. Ils n'entre-
» tenaient aucune garnison dans Rome; et cette ville, continuellement
» menacée par les Lombards, invoqua plus d'une fois en vain, par l'or-
» gane de ses ducs ou de ses pontifes, les soins de l'exarque, et la puis-
» sance de l'empereur... Délaissés par leurs maîtres, les Romains durent

---

todia. Quapropter nos decet custodire aliqua, sed vos omnia. Pascitis quidem spiritualiter commissum vobis gregem; tamen nec ista potestis negligere, quæ corporis videntur substantiam continere; nam sicut homo constat ex dualitate, ita boni patris est utrumque refovere. (Cassiodore, *Epistol.* lib. XI, *Epist.*, 2, *operum* t. 1.)

» s'attacher à leurs Pontifes, alors presque tous Romains, aussi presque
» tous recommandables. Pères et défenseurs du peuple, médiateurs entre
» les grands, chefs de la Religion et de l'empire, les Papes réunissaient
» les divers moyens de crédit et d'influence que donnent les richesses,
» les bienfaits, les vertus et le sacerdoce suprême (1). »

Sismondi, que personne ne soupçonnera de partialité en faveur des Papes, tient le même langage :

« Plus les Romains, dit-il, se voyaient négligés par les empereurs, plus
» ils s'attachaient aux Papes, qui, pendant cette période, étaient eux-
» mêmes, presque tous, Romains de naissance, et que leurs vertus ont fait
» admettre, pour la plupart, dans le catalogue des Saints. Les Papes,
» pour protéger les églises et les couvents contre la profanation des Bar-
» bares, employaient les richesses ecclésiastiques dont ils disposaient et
» les aumônes qu'ils obtenaient de la charité des fidèles occidentaux ; en
» sorte que *le pouvoir croissant de ces Pontifes, sur la ville de Rome, était*
» *fondé sur les titres les plus respectables, des vertus et des bienfaits* (2). »

Saint Grégoire-le-Grand fut la personnification la plus remarquable, le type le plus noble et le plus touchant de cette Souveraineté singulière, qui ne se révélait que par sa bienfaisance et son amour pour les hommes, et dont la force des choses, le malheur des temps et la reconnaissance des peuples investissaient malgré eux les Pontifes romains.

On voit habituellement ce saint Pape remplir les fonctions d'un Seigneur temporel, et presque d'un Souverain, pour le gouvernement et la protection de l'Italie : il administre les provinces ; il pourvoit à la défense des villes ; il envoie des gouverneurs avec injonction au peuple de leur obéir comme à lui-même. « Nous avons ordonné à Léontius de se char-
» ger du soin et du gouvernement de votre ville, écrit-il aux citoyens de
» Népi. Nous voulons que sa vigilance s'étende sur toutes choses, et
» qu'il décide et règle lui-même tout ce qu'il jugera convenable à votre
» bien et à la chose publique : quiconque résisterait à ses ordres, résiste-
» rait par là même à notre autorité (3). »

(1) Daunou, *Essai hist.*, t. 1, p. 29 et 30.

(2) Sismondi, *Histoire des Rép.*, t. 1, chap. 3, pag. 122. *Histoire des Français*, t. ii, p. 184, 186.

(3) Leontio curam, sollicitudinem civitatis (Nepœsinæ injunximus, ut in cunctis invi-

Il envoie des officiers militaires pour commander les garnisons des villes, menacées par les ennemis de l'Empire. Il écrit aux Napolitains : « Vous avez reçu, comme vous le deviez, notre lettre, par laquelle nous » députions le noble tribun Constantin à la garde de votre Cité, et nous » vous félicitons de ce qu'il a trouvé parmi vous la fidèle obéissance du » dévouement militaire (1). » On le voit même dans plusieurs de ses letres exciter la vigilance et le zèle des Evêques pour la défense des villes, pour la garde des murailles et l'approvisionnement des places fortes. Il donne des ordres aux chefs de l'armée; il traite en personne de la paix avec les Lombards, et il facilite le succès des négociations, tantôt par ses libéralités, tantôt par ses instances réitérées auprès des exarques, des empereurs et des Lombards eux-mêmes. En un mot, pour répéter encore les paroles déjà citées d'un savant auteur (2), auquel nous empruntons ces détails, son autorité, également respectée des princes et des peuples, des Romains et des Barbares, est comme le centre du gouvernement et de toutes les affaires politiques en Italie.

Ce grand et saint Pape était tellement condamné par les besoins et les malheurs des peuples, et par la charité qui pressait son cœur, à s'occuper des affaires publiques, qu'il disait lui-même que sa vie était partagée entre l'office de pasteur et celui de prince temporel. Il écrivait à l'impératrice Constantine, épouse de l'empereur Maurice : « Voici vingt-sept » ans que nous vivons dans cette ville, parmi les glaives des Lombards. » Mais pour vivre avec eux, je ne puis vous dire quelles sommes il faut » que l'Eglise romaine leur paie journellement. Pour vous le faire enten- » dre en peu de mots, je vous dirai seulement que, comme l'empereur a

gilans, quæ ad utilitatem vestram vel reipublicæ pertinere dignoscet, ipse disponat... quisquis congruæ ejus ordinationi restiterit, nostræ resultare dispositioni cognoscetur. (S. Gregorii *Epistol.* lib. II, *Epist.* 2. (Alias 8.)

(1) Devotio vestra, sicut et nunc didicimus, epistolis nostris, quibus magnificum virum Constantium tribunum custodiæ civitatis (Neapolitanæ) deputavimus præesse, paruit, et congruam militaris devotionis obedientiam demonstravit. (S. Gregorii *Epist.* lib. II, *Epist.* 31 (Alias 24.)

(2) Nous voulons parler de l'auteur du livre *du Pouvoir du Pape au moyen âge:* pieux et modeste savant, que sa science placerait parmi les plus illustres, si sa modestie ne ne s'efforçait de dérober son nom à la célébrité, sans toutefois pouvoir le dérober à la reconnaissance publique.

Dans les circonstances actuelles, nous ne saurions trop recommander à tous les catholiques la lecture de ce remarquable ouvrage.

» soin de placer dans la province de Ravenne, auprès de sa principale ar-
» mée d'Italie, un trésorier chargé de subvenir aux besoins journaliers des
» troupes ; de même, je suis à Rome le trésorier de l'empereur pour subve-
» nir aux besoins de cette ville, sans cesse attaquée par les Lombards. »

Les successeurs de saint Grégoire héritèrent tout à la fois de son pouvoir et de sa charité ; et il est remarquable que les Empereurs de Chry-
sance, loin de se croire offensés par la conduite des Papes et par l'ac-
croissement de leur puissance temporelle, entretenaient habituellement
avec eux les relations les plus pacifiques.

Grégoire II écrivait à l'empereur Léon : « *L'Occident entier a les yeux
tournés vers notre Humilité... Il nous regarde comme l'arbitre et le mo-
dérateur de la tranquillité publique.* » En 726, le même Pape envoie
des ambassadeurs à Charles-Martel, et traite avec lui de puissance à puissance. Zacharie, qui occupa le siége pontifical de 741 à 752, traite
de la même manière avec Rachis, roi des Lombards, et stipule avec lui
une paix de vingt ans, en vertu de laquelle toute l'Italie fut tranquille.

Telle avait donc été la marche providentielle des choses en Italie ; telles
furent les voies par lesquelles Dieu établissoit la Souveraineté temporelle
du Saint-Siége.

Nous avons soigneusement distingué les temps :

1° *Avant Constantin,* dans les premiers siècles, l'Eglise romaine n'avait
ni souveraineté, ni seigneuries temporelles ; mais seulement des biens très-
considérables qu'elle tenait de la libéralité des peuples chrétiens, et
qui servaient à l'exercice même de sa Souveraineté spirituelle.

2° *De Constantin à Grégoire II,* les Papes possédèrent de nombreux
patrimoines, dont plusieurs étaient de véritables *principautés.* Ils avaient
de plus, surtout depuis le Pontificat de saint Grégoire, une grande influence dans les affaires temporelles, fondée sur le respect et la confiance des princes et des peuples, mais point encore de *Souveraineté*
proprement dite.

3° Depuis Grégoire II, il y eut une *véritable Souveraineté :* les savants
l'ont nommée une Souveraineté *provisoire ;* mais quel que soit son nom,
elle était réelle : elle existait en fait et en droit : elle avait l'investi-
ture du temps, de l'usage public, et de la gratitude des peuples ; nul
ne la contestait ; et l'Orient lui-même lui rendait d'involontaires et écla-

tants hommages. Rome et l'Italie n'attendaient plus que l'heure de la Providence, l'heure où cette grande Institution, solennellement confirmée et proclamée, devait entrer dans le droit public des nations, et prendre parmi les nouvelles monarchies de l'Occident, ce rang élevé, qui, sans pouvoir porter ombrage aux autres souverainetés, répond suffisamment aux desseins de Dieu sur son Eglise.

Pepin et Charlemagne furent destinés à l'accomplissement de cet important ouvrage.

« Dans la chute de l'Empire, dit Bossuet, lorsque les Césars suffisaient » à peine à défendre l'Orient, où ils s'étaient renfermés, Rome abandon- » née, près de deux cents ans, à la fureur des Lombards, et contrainte » d'implorer la protection des Français, fut obligée de s'éloigner des em- » pereurs. On pâtit long-temps avant que d'en venir à cette extrémité ; et » on n'y vint enfin que quand la capitale de l'Empire fut regardée par ses » empereurs comme un pays exposé en proie et laissé à l'abandon (1).

Nous nous bornons à rappeler les faits :

L'Italie était aux abois : Astolphe, roi des Lombards, assiégeait Rome. Pepin vole au secours de la Cité sainte, oblige Astolphe à lever le siége, et le réduit à lui demander la paix. Mais il ne la lui accorde qu'en exigeant de lui qu'il ajouterait la ville et le territoire de Commachio aux autres villes et territoires qu'Astolphe s'était déjà engagé l'année précédente à *restituer* (2) au Saint-Siége.

On sait que Pepin lui-même, le premier, avait reconnu et confirmé les

(1) Bossuet, *Politique sacrée*, pag. 274.

(2) On est assez communément porté à croire que les Papes durent tout aux Carlovingiens. Rien ne serait plus faux que cette idée. L'idée de la Souveraineté pontificale, antérieure aux donations carlovingienne, était si universelle et si incontestable, que Pepin, avant d'attaquer Astolphe, lui envoya plusieurs ambassadeurs pour l'engager à rétablir la paix et à *restituer* les propriétés de la sainte Eglise de Dieu et de la république romaine; et le Pape, de son côté, conjurait le roi Lombard, par ses ambassadeurs, de *restituer* de bonne volonté et sans effusion de sang les propriétés de la sainte Eglise de Dieu et de la république des Romains. *Ut pacificè sine ullâ sanguinis effusione, propria S. Dei Ecclesiæ et reipublicæ rom. Reddant jura*, et plus haut, *restituenda jura*, ib., chap. VII, pag. 94, d'après Anastase, le Bibliothécaire. Et dans la fameuse Charte *ego Ludovicus*, Louis-le-Débonnaire énonce que Pepin et Charlemagne avaient depuis long-temps, par un acte de donation, *restitué* l'exarchat au bienheureux Apôtre et aux Papes. *Exarchatum quem.... Pipinus Rex et genitor noster Carolus, imperator, B. Petro et prædecessoribus jamdudum restituerunt.* (Du Pape, M. de Maistre, 250.)

Charlemagne et ses envoyés, réclamant auprès de Didier les villes et les provinces droits du patrimoine de Saint-Pierre par un acte solennel, dans l'Assemblée de Quierzy, en 754.

Au nom de Pepin, Fulrade, abbé de Saint-Denis, se rend donc dans toutes les villes cédées ou *restituées* à l'Eglise romaine. Il en reçoit les clefs qu'il vient ensuite déposer religieusement sur le tombeau de saint Pierre, avec l'acte de la cession et de l'abandon que le roi des Lombards en faisait lui-même pour toujours au Saint-Siége. Ces villes étaient au nombre de vingt-deux : elles formaient la plus grande partie de l'exarchat de Ravenne, et la plupart étaient situées le long des côtes de la mer Adriatique, dans un espace d'environ quarante lieues.

Charlemagne, d'immortelle mémoire, continua et acheva magnifiquement l'œuvre commencée par son père.

Quelques faits suffisent à mettre en lumière ce phénomène historique, où Dieu se servit si visiblement de la main des hommes pour achever son œuvre.

En effet, Charlemagne ne se borna pas à reconnaître et à respecter la Souveraineté du Pape en Italie ; il l'étendit et la consolida encore par ses victoires sur les Lombards, et par l'entière destruction de leur Monarchie en 773.

L'année précédente, Adrien Ier, pressé plus vivement que jamais par Didier, avait imploré le secours du roi de France, dont il connaissait le dévouement aux intérêts de la Religion et du Saint-Siége. Charlemagne ayant inutilement employé, auprès du roi des Lombards, la voie des négociations, pour l'obliger à satisfaire le Pape, passe les Alpes, force Didier dans Pavie, le fait prisonnier et l'envoie en France dans le monas-

qu'il avait enlevées au Saint-Siége, ou différé de lui rendre, les réclament constamment comme une *restitution* due au Pape et aux Romains. Voici les propres expressions d'Anastase, souvent répétées dans cet article de la vie d'Adrien Ier : *Ipsi Francorum missi, properantes cum Apostolicæ Sedis missis, declinaverunt ad Desiderium, qui et constanter cum deprecantes adhortati sunt, sicut illis à suo rege præceptum extitit, ut antefatas, quas abstulerat civitates pacificè beato Petro redderet.* (Anastase)

C'est ainsi qu'en parle, non-seulement l'historien des Papes, Anastase, mais Eginhard lui-même, si zélé pour la gloire de Pepin et de Charlemagne, et si éloigné par conséquent de rabaisser le mérite des donations faites au Saint-Siége par ces deux grands princes.

Voici les expressions d'Eginhard, dans la vie de Charlemagne : *Finis belli*, dit-il, *fuit subacta Italia, et res à Longobardorum rege* EREPTÆ, *Adriano Romanæ ecclesiæ rectori* RESTITUTÆ (tom. II du Recueil de Duchesne, page 96.)

tère de Corbie ; et met ainsi un terme à ce royaume des Lombards, qui durait depuis deux cents ans, ajoutant cette couronne à la sienne.

Mais Charlemagne fut moins grand par la conquête de ce nouveau diadème, que par sa glorieuse conduite envers l'Eglise romaine. Non content de confirmer toutes les donations de Pepin, son père , il se rendit à Rome, donna au Pape les marques les plus touchantes de son respect, fit dresser, par son chapelain Esthérius, l'acte d'une donation beaucoup plus ample, par laquelle il assurait pour toujours au Saint-Siége l'exarchat de Ravenne, l'île de Corse, les provinces de Parme, de Mantone, de Venise et d'Istrie, avec les duchés de Spolette et de Bénévent. Le roi signa de sa propre main cette donation, et la fit signer aussi par les Evêques, abbés, ducs et comtes qui l'accompagnaient ; après quoi, il la mit sur l'autel de Saint-Pierre, et fit serment, avec tous les chefs français, de conserver au Saint-Siége les Etats qui lui étaient solennellement *restitués*.

C'est ainsi que la Providence elle-même consomma l'établissement de la Souveraineté temporelle du Saint-Siége ; et tels furent les nobles instruments qu'elle employa à cette grande œuvre dans la suite des âges.

Pourquoi donc renverser l'œuvre des siècles et de la Providence ? Pourquoi vouloir arracher du sol de l'Italie et de l'Europe une Institution vénérable, qui a jeté depuis plus de quinze cents ans de si profondes racines ? Est-ce donc la paix, est-ce la dignité et la tranquillité de l'ordre qui fatiguent les esprits de nos jours ? Et ne serait-il plus permis aux peuples de s'asseoir et de se reposer à l'ombre des traditions tutélaires du passé ? L'édifice de la puissance temporelle des Papes avait été bâti par la main de Dieu, pour abriter la liberté des peuples et garantir en même temps l'indépendance de leur foi. Jamais le dessein du Ciel ne fut plus manifeste ! Malheur donc à la témérité sacrilége qui oserait attenter à l'œuvre de la sagesse divine, et, selon le langage de la foi antique, *porter la main sur le patrimoine de saint Pierre !*

On a beau protester avec plus ou moins d'hypocrisie ou de sincérité : ici, les présomptions hautaines d'esprit et les audaces de langage s'abritent mal sous les illusions de la bonne foi ; ces grands intérêts ne se traitent pas avec la légèreté que l'on peut mettre à se jouer dans des théories politiques : il n'y faut toucher qu'avec un saint respect ; j'ajouterai même, selon la parole de saint Paul, *avec crainte et tremblement*. Qu'on y prenne garde : aborder de telles questions avec une témérité présomptueuse, c'est s'attaquer de plus près qu'on ne pense à la Pierre immuable dont il a été dit : *Celui qui s'attaque à cette Pierre s'y brisera ; et celui sur lequel cette Pierre tombera, sera brisé* (1).

Le patrimoine de saint Pierre est le bien commun de la grande famille catholique ; les fils dénaturés qui tentèrent de l'usurper ou de le dilapider à leur profit y ont toujours trouvé leur ruine : c'est une proie qui a toujours porté malheur aux mains spoliatrices qui essayèrent de la ravir. Et vous, dont le nom ne doit aujourd'hui sa triste célébrité en Europe qu'à la plus criminelle et à la plus lâche audace, malheur à vous ! Car vous êtes bien les ravisseurs les plus injustes, les plus ingrats, les plus perfides qui furent jamais. Vous chassez le Roi-Pontife ; les soldats de vos doctrines assassinent son ministre : l'héritage du sang ne vous épouvante pas ; vous trompez les peuples ; vous opprimez la Cité sainte ; vous nommez liberté la plus intolérable anarchie ! Eh bien ! les peuples, rendus à eux-mêmes, vous maudiront un jour ; et ce n'est qu'aux pieds du Vicaire de Jésus-Christ, rappelé par leurs vœux, qu'ils retrouveront la force de vous pardonner !.

VI.

ROME, L'ITALIE ET L'EUROPE SANS LE PAPE.

Nous approchons du terme : et, bien que les preuves apportées jusqu'ici démontrent invinciblement, selon nous, la thèse si catholique que nous soutenons, nous y ajouterons quelques considérations particulières d'un autre intérêt et d'un autre ordre, qui compléteront néanmoins et achèveront notre démonstration.

Et d'abord que serait Rome sans le Pape ?

On l'a dit, et il est vrai : Rome avec la Papauté n'est ni un grand centre politique, ni une grande cité industrielle, ni un grand entrepôt commercial. Mais Rome, avec la Papauté de moins, deviendra-t-elle pour cela une cité politique, commerçante ou manufacturière ?

Rome, avec la Papauté, c'était cette cité unique au monde, grande sans puissance politique, brillante sans richesse, pleine d'une véritable vie au milieu d'un ineffable repos. Rome, c'était cette cité qui, de toutes

______
(1) Saint Luc.

les extrémités de l'Europe, ralliait à elle tout ce qui est grand et tout ce qui est digne : artistes, savants, Evêques, pèlerins, rois, voyageurs de tout ordre, de toute condition, de toute nation, je puis même ajouter, de toute foi.

Que sera Rome sans la Papauté ? Une ville effacée du nombre des capitales européennes, la quatrième ou cinquième ville tout au plus de l'Italie révolutionnaire, moins grande que Naples, moins ornée que Florence, moins curieuse que Venise. Elle sera le chef-lieu du quatrième ou cinquième Etat d'une fédération italienne (si toutefois il y a jamais au monde une fédération italienne) le séjour de quelque grand duc, s'il s'agit d'une fédération monarchique ; sinon la capitale de quelque république boiteuse et mal conformée, d'autant plus ridicule qu'elle s'appellera *République romaine.*

Les classiques de la Rome révolutionnaire qui préfèrent sans doute de beaucoup leurs aïeux idolâtres à leurs aïeux chrétiens, devraient comprendre au moins qu'il n'y a parmi eux ni Césars, ni Scipions, ni consuls ; il me paraît difficile que la Rome des Sterbini et des Mamiani croie fermement être la Rome des Fabricius et des Caton, et considère les lâches assiégeans du Quirinal comme les successeurs du peuple-roi.

Mais laissons ces choses.

La grandeur passée de Rome ne sert manifestement qu'à faire ressortir davantage la honte de son délaissement ; avec la honte et le ridicule, la misère viendra. On ne vit pas avec des consuls et des souvenirs ; et Rome vivait, dans le sens même le plus matériel du mot, de la Papauté qui lui faisait l'honneur d'habiter au milieu d'elle. Les Papes n'ont pas une seule fois quitté Rome, que la ville ne se soit appauvrie, et que la population n'ait décru. Ces variations ont été étonnamment sensibles pendant le séjour des Papes à Avignon ; elles l'ont été même pendant l'absence de Pie VII, laquelle n'a pourtant duré que quatre ans. Lorsque après son long séjour à Avignon, la Papauté retourna enfin dans la ville éternelle, elle retrouva la population diminuée de plus de moitié de ce qu'elle était sous Innocent III. Pendant cette époque douloureuse, que Rome appela la captivité de Babylone, nul monument nouveau ne l'avait embellie, et c'est par ce motif que l'architecture gothique, si florissante à cette époque, n'a laissé dans Rome aucune trace.

Lorsque, au départ de Pie VII, Rome devint simplement le chef-lieu du département du Tibre, la population s'abaissa graduellement, et en 1813 elle n'était plus que de 117,000. Le Pape revenu, elle remonta bientôt; et sous Grégoire XVI elle était de 170,000; c'est-à-dire, en quelques années, une différence de plus de 50,000.

Mais il est vrai qu'on a aujourd'hui d'autres rêves : on prétend ressusciter non la République, mais l'Empire romain. Rome ne serait plus la capitale de ce qu'on nomme aujourd'hui les Etats de l'Eglise; elle serait la métropole d'un empire italien et d'une catholicité régénérée, dans lesquels M. le prince de Canino, pour le temporel, M. l'abbé Gioberti pour le spirituel, figureraient

Ces deux moitiés de Dieu, le Pape et l'Empereur;

dignes successeurs, l'un de Charlemagne, l'autre de saint Pierre! Vains rêves! Ridicules chimères dont je ne sais si Rome se berce, mais dont je sais l'Europe prête à se rire, — si toutefois il n'y a pas, là derrière, un empereur un peu plus sérieux que M. le prince de Canino, et une papauté plus menaçante encore que celle de M. l'abbé Gioberti. « L'Europe, dans cinquante ans, sera cosaque ou républicaine, » disait Napoléon il y a quelques trente ans. Il me paraît difficile que l'Europe soit républicaine dans vingt ans d'ici; quant à la menace des Cosaques, et quant au péril d'une Papauté schismatique et impériale, comme catholique je suis tranquille; Dieu préservera son Eglise; mais préservera-t-il l'Europe? Je l'ignore. Toutefois, à dire franchement ma pensée, je ne puis prévoir sans terreur son avenir, si l'Europe laissait déchoir au milieu d'elle, je ne dis pas cette Souveraineté spirituelle qui ne saurait défaillir, mais cette Souveraineté temporelle des Papes, si nécessaire à la liberté et à l'indépendance de l'Italie, et à la civilisation européenne tout entière!

Rome sans le Pape! Mais y a-t-on bien pensé?

Avant tout, c'est un non-sens : Oui, Rome sans le Pape, c'est un non-sens historique, religieux, social. L'imagination, la pensée ne s'y accoutument pas; les monuments, les arts, les sciences, la politique elle-même, la religion, l'histoire, l'antiquité, tous les souvenirs des temps qui ne sont plus, toutes les espérances de l'avenir se récrient, protestent, contre

l'injure faite à leur antique, à leur nécessaire protecteur, et proclament
que Rome sans le Pape est une ville dépeuplée, un corps sans âme, une
cité sans gloire et sans vie ; *non tenebat ornatum suum civitas*, aurait dit
son ancien orateur. (CICÉR. *de Républ.*)

Rome sans le Pape ! Mais nous l'avons déjà montré, c'est un désert !
Qui l'habitera, qui la remplira ? qui en fera les honneurs ? Il y a déjà
bien des déserts dans Rome : Romains, qui voulez nous donner
une Rome sans Pape, souffrez que j'entre ici en discussion avec vous-
mêmes et que je vous interroge directement : Ces déserts, vous voulez
donc les multiplier ? Le Palatin, l'Aventin, le Viminal, le Forum, vos plus
grands quartiers sont vides ! Vous y ajouterez donc le Quirinal, le Vatican, la ville entière !

Que ferez-vous, en particulier, des sept basiliques ? Que ferez-vous
de ces trois cent soixante-cinq églises qui répondent à tous les besoins,
à tous les souvenirs, à tous les vœux, à tous les pélerinages du monde
catholique ? Prêtres et fidèles, nous comptions les visiter au grand Jubilé
qui s'approche : Mais le Pape absent nous manquerait tous les jours,
comme il vous manque aujourd'hui ! Car y a-t-il une seule de vos cents
fêtes qui soit possible sans lui ?

Que ferez-vous, en particulier, de Saint-Pierre, de cette immensité,
de cette magnificence, de cette splendeur ? Le Pontife universel de la
Catholicité peut seul le remplir. Saint-Pierre, manifestement, n'a été
fait si vaste, qu'afin que le Père commun de la grande famille catholique
pût y rassembler tous ses enfants et les bénir !

Certes, les Romains se feraient une étrange illusion s'ils croyaient
que Saint-Pierre n'est que la plus grande paroisse du diocèse de Rome :
c'est pour elle-même que la Catholicité tout entière l'a fait bâtir et y a
prodigué ses trésors. Saint-Pierre est le temple auguste de la Catholicité :
Rome n'en est que le premier vestibule et le parvis ; le Pape seul en est
l'âme, la vie, la lumière !

Rome sans le Pape ! Mais au jour de la grande fête de tous les chrétiens, au grand jour de Pâques, quelle main se lèvera pour donner à la
ville et au monde, URBI ET ORBI, la solennelle bénédiction du Vicaire de
Jésus-Christ ? Oui, qui remplacera cette grande voix, cette voix paternelle, qui, du haut de la tribune sacrée, au milieu de ce silence sublime

de la terre et des cieux, retentissait au milieu des airs, pour l'univers entier, comme la voix de Dieu même?

Ah! j'ai vu alors tomber à genoux les plus incrédules, vaincus par une force supérieure et divine, je les ai vus, enfants dociles, s'incliner avec respect sous la main du Père commun de la grande famille chrétienne; je les ai vus, brebis reconquises, recevoir avec attendrissement, avec amour, la bénédiction du souverain Pasteur des âmes! Romains, protestants, sichismatiques, Grecs, Anglais, Russes, Français, Américains, nous étions là, de toute langue, de toute tribu, de toute nation, prosternés à terre et suspendus à la voix du Pontife suprême! C'était le plus beau et le plus touchant des spectacles! Le langage humain manque pour l'exprimer! Et quand on se relevait, les larmes étaient dans tous les yeux, une émotion indéfinissable remuait tous les cœurs : Il n'y avait plus là qu'un troupeau et qu'un pasteur! Nous ne faisions tous qu'un cœur et qu'une âme! Vous l'avez vu comme moi, et vous voulez nous ravir cette gloire, cette incomparable douceur! Vous voulez vous la ravir à vous-même!... Vous voulez que Rome soit sans son Pape!...

On l'a dit bien des fois : Rome, même avec le Pape, attriste par sa solitude; ce n'est, il est vrai, qu'un premier aspect, une première impression; bientôt on comprend cette solitude, on l'aime, on la goûte, on s'y attache étrangement, on s'y repose, on ne veut pas s'en éloigner. Il y a là une gravité, une paix profonde, un intérêt mystérieux, qui s'emparent invinciblement de l'âme! C'est un charme inexprimable.

Ah! c'est bien de Rome, en des jours plus heureux et meilleurs, c'est bien de Rome avec son Pape, de Rome la ville sainte, qu'on pouvait redire ces vers d'un poète, dont le nom, lui aussi, est depuis long-temps déjà une douleur, et la vie une chute, hélas! nous ne voulons pas dire sans espérance :

> Ici viennent mourir les derniers bruits du monde !
> Nautoniers sans étoile, abordez; c'est le port!
> Ici l'âme se plonge en une paix profonde,
> Et cette paix n'est point la mort (1) !

Mais sans le Pape, Rome ne serait plus que la solitude des tombeaux ! Son repos serait la mort! A Naples, on va chercher le soleil! A Rome,

______
(1) M. DE LAMARTINE, *Medit.* sur la Roche-Guyon.

c'est le Pape ! C'est le Pape et cette douce lumière qui l'environne, cette lumière de paix et de grâce, cette lumière de la foi et de la douceur évangélique, qui repose les yeux fatigués, qui guérit les yeux malades, qui donne des yeux pour la voir à ceux qui n'en ont point, qui se fait aimer de ceux-là mêmes qui la craignent, qui attire ceux qui la fuient, et les gagne quelquefois à jamais !

Vainement les Romains révolutionnaires nous diraient-ils : le Pape pourrait demeurer à Rome, et habiter le palais et la basilique de Saint-Jean-de-Latran, comme sous Constantin : tout ensemble Evêque de Rome et chef de la Catholicité !

Non : il ne le pourrait pas ! Et vous-mêmes les premiers, vous le trouveriez bientôt impossible ! Si vous aviez fait ce rêve, je vous le déclare, il s'évanouirait promptement ! Le Pape, chef suprême de la Catholicité, Pontife universel, à Saint-Jean-de-Latran ! Mais, qui que vous soyez, consul, président, souverain à titre quelconque, vous ne pourriez demeurer un jour auprès de lui : qui ne prévoit vos ombrages perpétuels ! Le Pape serait toujours trop grand pour vous ! Il vous écraserait malgré lui, malgré vous, de son incomparable dignité ; vous ne le pourriez souffrir ; vous iriez bientôt vous cacher de désespoir et de honte !

Et cependant que feriez-vous du Vatican et de cent autres merveilles, dont le Pape est l'hôte nécessaire et la gloire ? Ne sentez-vous pas que seuls, sans lui, vous errerez comme des ombres au milieu de ces espaces vides et immenses, où vous n'apparaîtrez que comme des pygmées au pied de ces monuments gigantesques, faits pour une autre grandeur que la vôtre ? Plus j'y songe, plus je m'étonne. Vous, régner dans Rome, auprès du Pape, au-dessus du Pape ! Non. Ici, les impossibilités se multiplient : nous vous l'avons déjà dit : le Pape ne peut être votre sujet ! la Catholicité ne le peut tolérer ; ni vous, ni d'autres ne nous inspirez assez de confiance. Il nous faut un Pape libre, indépendant, souverain ; il le faut tel à nos consciences ! il le faut tel à nos âmes ! et qu'il le paraisse ! Mais de plus, quand le Pape y consentirait un moment, la force des choses l'élèverait malgré lui au-dessus de vous, et vous n'y tiendriez pas : certes, des hommes d'une autre taille que la vôtre n'y ont pas tenu. Constantin, Théodose, ces empereurs de glorieuse et triomphante mémoire, placés par la Providence à la tête d'un empire qui ne connaissait d'autres bornes que celles de la terre, sentirent qu'ils ne pouvaient pas demeurer près du Pape à Rome, et s'enfuirent à Bysance, à Milan, à Trèves, à l'Orient, à l'Occident. Le monde ne vous offrirait pas aujourd'hui de tels asiles, à vous ! Mais bon gré mal gré, de deux choses l'une, ou vous chasseriez de Rome le Pontife-Roi, et sa retraite vous laisserait anéantis et épouvantés de votre solitude, comme vous l'êtes aujourd'hui : ou le laissant à sa place, vous vous tiendriez à la vôtre. Et ce serait pour votre bonheur, pour votre honneur, et pour la paix du monde.

D'ailleurs, de quoi vous plaigniez-vous ? Car enfin, qu'est-ce qui fait le bonheur et la liberté d'un peuple ? N'est-ce pas la liberté et le bonheur de chaque jour ? N'en jouissait-on pas à Rome ? Tous les étrangers n'avouent-ils pas qu'on y était parfaitement libre, trop libre peut-être, sous le plus doux des gouvernements ? Il n'y avait pas jusqu'à ces galériens qu'on voyait passer tranquillement sur les places de Rome, et que leurs gardiens priaient avec douceur de balayer les rues, qui ne montrassent un gouvernement paternel, trop paternel peut-être !

Que vous manquait-il donc ? Est-ce le sceptre et la gloire des arts ? Mais sous ce rapport, quelle ville était comparable à la vôtre ? Sous l'influence des Papes, quel pays a été plus fécondé par le génie ? C'est peut-être le mérite et les avantages de l'industrie que vous regrettiez ? Mais qui vous empêchait de les avoir ? — Travaillez. — Est-ce l'agriculture ? — Défrichez vos campagnes : le ciel vous a donné un sol privilégié, *Terra parens frugum.* Est-ce le commerce ? — Sillonnez les mers : les ports ne vous manquent point. Vous êtes en paix avec le monde entier : c'est ce que chantait le poète de l'ancienne Rome, ce que réalise l'influence pacificatrice de Rome nouvelle :

> Hæ tibi erunt artes, pacis componere morem !

Seulement, secouez ce *far niente* qu'on vous reproche, et qui vous a laissé contempler lâchement les douleurs de votre Pontife et le triomphe de l'assassinat !

Mais laissons ces choses : on les discuterait peut-être ! Et d'ailleurs vous voulez d'autres droits, ou du moins ceux qui vous oppriment, le prétendent ! Vous étiez privés, répètent-ils, de ce qu'on nomme des droits politiques ? Ah ! que j'aurais de choses à dire sur la vanité de ces droits chez certains peuples qui paraissent en jouir, et n'y trouvent qu'une profonde et amère déception!

Mais Pie IX, en se réservant, comme il le devait à la Papauté elle-même, le principe d'autorité souveraine, dont le Pape doit d'ailleurs demeurer le type, le modèle et le conservateur au milieu de la civilisation européenne si profondément troublée, Pie IX vous a donné immensément de droits politiques, plus que vous n'en pouvez porter : il n'y a pas un souverain dans le monde qui ait fait autant pour ses peuples que Pie IX a fait pour vous : comme l'ancien César, le César évangélique a été généreux jusqu'à être obligé de s'en repentir (1). Votre caprice ombrageux voulait des laïques dans l'administration : il en a mis partout. *Si le bien, cependant, se fait par des ecclésiastiques*, disait-il avec son incomparable douceur, *c'est néanmoins toujours le bien*. Et en effet, depuis que les laïques administrent tout, avez-vous moins de luttes, moins de passions, moins de cupidités, moins d'impôts, moins de désordres, moins de meurtres?

Que ne remarquez-vous plutôt quels immenses avantages vous devez au Pape, avantages temporels et politiques, tels que nul souverain sur la terre n'en put jamais donner de pareils à son peuple!

Et d'abord, remarquez-le bien, vous n'êtes pas sujets d'une famille, mais d'un prince électif, qui est choisi, non dans une catégorie aristocratique, mais dans l'assemblée la plus noble à la fois et la plus démocratique qui se puisse concevoir; par les Cardinaux, qui sortent de tous les rangs du peuple; qui sortent de ces couvents, qui sont le peuple même! L'élection du Pape, le Collége des grands électeurs qui le choisissent, le Pape lui-même, tout cela n'est-il pas, quand on y réfléchit, tout à la fois ce qui se peut imaginer de plus illustre et de plus populaire? Pas un Romain, pas un pâtre de la campagne de Rome ou des Abruzzes; pas un bourgeois du Corso, pas un Transtéverin, qui ne puisse être cardinal, grand-électeur et Pape!

L'âge ordinaire des Papes, la maturité de leur sagesse, le caractère naturel de leur gouvernement, la brièveté même de leur règne, n'offrent-ils donc aucun avantage pour la liberté? Il est sûr du moins qu'on ne trouve là aucun des germes de despotisme qui sont ailleurs : ni la jeunesse des souverains, ni la force militaire, ni la durée des règnes, ni

____

(1) Pline, liv. vii, ch. 25.

la passion dynastique. Les familles qu'on nomme papales ne se distin-
guent à Rome, on le sait, que par le soin généreux des pauvres et le zèle
encourageant des arts : le nom qu'on leur donne n'est qu'un juste hommage rendu au passé, et ne leur confère aucun droit pour l'avenir.

Les Romains ont-ils jamais songé d'ailleurs qu'en se donnant, par leurs
Cardinaux, un Souverain choisi presque toujours parmi eux, ils en donnent un à tous les catholiques répandus sur toute la face de la terre ? N'est-
ce rien ? N'y a-t-il pas quelque chose de grand et de noble, à penser et à
dire qu'on fait et qu'on a un Souverain, qui règne en même temps sur
deux cents millions d'hommes, qui commande le respect à tout l'univers ;
qu'on est son peuple particulier, et qu'on le possède plus que tous les
autres ? Certes, s'il ne s'agissait, dans l'élection et dans la royauté des
Papes, que du Souverain de Rome, nous ne serions pas si jaloux de son
indépendance. Mais il n'y a rien à dissimuler ici, le Souverain de Rome,
et, par lui, Rome et les Romains, règnent sur le monde entier. Toutes
les nations catholiques y consentent ; mais à une condition : c'est que
Rome et les Romains respecteront sa Souveraineté. A ce prix, ils en joui-
ront eux-mêmes, comme ils l'ont fait jusqu'à ce jour. Et, en effet, Cardinaux, princes de l'Eglise, Congrégations sacrées, Légats, Nonces apostoliques, presque tous sont enfants de Rome et de l'Italie, et participent à la
souveraineté romaine ; c'est toujours l'*Imperium sine fine.* Sous une forme
ou sous une autre, les Romains ont l'empire depuis 2,000 ans : c'est toujours *Romanos rerum Dominos,* sans même changer le dernier mot du
poète : *gentemque togatam.*

Cette pensée qui rendait si fiers les poètes et les historiens (1) de Rome
païenne, n'a fait que grandir avec les destinées de Rome chrétienne :
témoin, ce bel hommage que rendait à sa royauté universelle, il y a plus de
treize siècles, un de nos plus éloquents docteurs.

> Sedes Roma Petri, quæ pastoralis honoris
> Facta caput mundo ; quidquid non possidet armis,
> Relligione tenet. (*S. Prosper.*)

Et le prince des Apôtres, le fondateur de Rome chrétienne aurait pu

(1)   ..... Illa inclyta Roma
        Imperium terris, animos æquabit Olympo.   (ENÉIDE.)
Fatis debebatur tantæ origo urbis.   (TITE-LIVE.)

dire, dès le commencement, avec plus de droit encore que l'ancien fondateur : *Nuntia Romanis, Cœlestes ità velle, ut mea Roma caput orbis terrarum sit.* (Tite-Live, lib. I, n. 16.)

Plus précis et plus riches encore que tous ces efforts poétiques du langage humain, saint Pierre et saint Paul, vos immortels et apostoliques ancêtres, vous avaient élevés, plus que les autres peuples chrétiens, jusqu'à la dignité d'une *nation choisie,* d'un *sacerdoce royal. Populus acquisitionis, regale sacerdotium.*

Que vous fallait-il donc de plus ? Pour moi, j'achèverai ma pensée : le peuple romain sans le Pape ne signifie rien, n'est rien ! Avec le Pape, il est toujours le peuple-roi, *populum latè regem :* il l'est aux yeux des étrangers comme aux siens. Rendez à Rome son Pape, les étrangers traitent le peuple romain avec respect ; avec le Pape, les Romains sont aux autres peuples catholiques ce qu'étaient aux autres tribus d'Israël la tribu de Lévi, la famille d'Aaron ; avec le Pape, Rome est la tribu sainte, et tout Romain semble tenir à la famille du grand-prêtre et au sacerdoce royal. Et voilà peut-être ce qui exalte, à son insu, et précipite ce peuple privilégié et indocile, ce vieil enfant gâté de la Providence, qui se mutine contre la main qui le comble de biens, qui abdique ainsi à la fois toute reconnaissance et toute dignité, et déroge misérablement à ce sang royal et souverain qui semble depuis 2,000 ans couler dans ses veines ! Oui, enlevez à Rome son Pape, mettez à sa place un grand-duc, un consul, un préfet, un président : ce peuple perdra à ses propres yeux et aux yeux des étrangers toute grandeur, tout respect : dès lors, il n'y a plus de peuple romain ; Rome deviendra ce qu'est devenue Athènes. Or, que fut Athènes pendant des siècles ? qu'est-elle aujourd'hui encore ? qui me dira où sont aujourd'hui les Athéniens, et l'ancien peuple grec ?

Avec le Pape, Rome est toujours Rome ; elle est à jamais la capitale de l'univers, le centre des plus grandes, des plus nobles affaires ! le rendez-vous pacifique et glorieux du monde civilisé ; l'asile des rois tombés, des illustres infortunes : avec le Pape, Rome voit chaque année 100,000 étrangers venir à elle et lui apporter leurs hommages et leurs trésors. Romains, aujourd'hui si tristement égarés, verriez-vous ces choses, si vous n'aviez le Pape pour hôte et pour roi ! Comment ne sentez-vous pas, à l'admiration et au respect du monde entier pour votre ville, que vous êtes un peuple à part, et que de viles émeutes et de basses révolutions ne vous vont pas?

Sans même sortir de vos murs, ne vous suffit-il pas de jeter les yeux sur les monuments qui vous entourent, pour comprendre ce qui fait votre immense dignité? Quand vous voyez le Prince des apôtres, les clefs du royaume des cieux à la main, dominer la colonne Trajane; saint Paul armé du glaive de la foi, debout sur la colonne Antonine, ne sentez-vous donc pas que là aussi s'élève votre gloire! Quand vous jetez un regard du Capitole au Vatican; quand vous repassez dans votre souvenir toutes les grandeurs, toutes les fortunes de ces deux collines, ne voyez-vous donc pas le dessein de Dieu! Quand vous allez du Colysée et des prisons Mamertines à Saint-Pierre; quand vous lisez sous les voûtes resplendissantes de l'immortelle basilique : *Tu es Pierre, et sur cette pierre je bâtirai mon Eglise, et les portes de l'enfer ne prévaudront point contre elle;* êtes-vous donc les seuls à ne pas comprendre que vous n'êtes la ville éternelle que parce que vous êtes la ville du Roi des âmes! Quand au milieu des jardins de Néron, vous contemplez l'obélisque du Christ vainqueur et la croix radieuse qui le couronne, et l'empreinte de ces paroles éclatantes : *Christus vincit, regnat, imperat;* à ce spectacle, peuple de Rome, trop semblable quelquefois au peuple de Jérusalem, *auras-tu donc toujours des yeux pour ne point voir!* et pour ne point découvrir que tu es un peuple providentiel et sacré; qu'il y a dans les voies de la Providence des voies admirables que tous doivent respecter; que la Providence a choisi Rome pour y fixer la Souveraineté la plus légitime, la plus bienfaisante, la plus paternelle et la plus auguste de l'Europe et du monde; et que se révolter contre elle, c'est encourir les anathèmes de la terre et du ciel!

Que le peuple Romain se hâte donc d'effacer sa honte et son crime d'aujourd'hui!

Hélas! pouvons-nous dire avec la douleur des anciens jours :

> Hélas! ce peuple ingrat a méprisé sa loi!
> La nation chérie a violé sa foi!
> Elle a répudié son Epoux et son Père
> Pour rendre à d'autres dieux un honneur adultère!
> Maintenant elle sert sous un maître étranger :
> . . . . Sa triste servitude
> Devient le juste prix de son ingratitude.　　　　*(Esther.)*

Espérons que les maîtres d'erreur et de perfidie, qui abusent en ce moment d'un peuple ardent et faible, verront leur fatal crédit tomber devant la raison et le bon sens éclairés par le malheur. C'est eux bien plus que lui que nous accusons! C'est contre eux, contre eux surtout, que nous protestons à la face de toutes les nations chrétiennes et civilisées ! Quant au peuple de Rome, si nous avons été condamnés à prononcer sur lui quelques paroles sévères, nous aimons à n'en pas désespérer, et à prévoir, pour son honneur, qu'un jour viendra où la réconciliation des enfants avec leur Père renouvellera cette scène consolante racontée par un ancien historien : *Il advint donc*, dit Otto de Frisingue, en parlant d'Eugène III, *il advint que, par la miséricorde de Dieu, une grande joie éclata dans toute la ville, à la nouvelle de la rentrée inattendue du Pontife. Une multitude innombrable courut au-devant de lui avec des branches vertes. On se prosternait sur ses pas; on en baisait les vestiges, on le couvrait d'embrassements lui-même. Les bannières flottaient; les officiers, les juges, s'avançaient en foule. Les Juifs n'étaient pas absents de cette grande joie, portant sur leurs épaules la loi de Moïse. Les Romains, semblables à un chœur d'harmonie, chantaient ces paroles : Béni soit celui qui vient au nom du Seigneur.*

VII.

Ce que la basilique de Saint-Pierre est pour Rome, Rome l'est pour l'Italie : l'Italie forme avec la ville éternelle presqu'un même empire; une même enclave sacrée au milieu des nations chrétiennes ; aussi le mal que se font les Romains, s'étend plus loin qu'eux, et bien au-delà des murs de Rome. La Catholicité tout entière en souffre, mais surtout l'Italie. Rome avec le Pape est la tête de l'Italie; sans Rome et sans le Pape, l'Italie est décapitée.

Qu'eût été depuis des siècles, que serait encore aujourd'hui l'Italie sans le Pape? *Je suis Italien,* disait le comte Rossi, *et c'est un des motifs de mon dévouement au Pape :* LA PAPAUTÉ EST LA SEULE GRANDEUR VIVANTE DE L'ITALIE. Les Italiens révolutionnaires ne l'entendaient-ils pas eux-mêmes de la sorte, lorsque dans leur emportement ils voulaient faire du Pape, bon gré malgré, le chef de je ne sais quelle *ligue*, de je ne sais quelle *répu-*

blique italienne ? N'ont-ils pas rendu les premiers, par là, un involontaire hommage au besoin immense que la nationalité italienne a de la Papauté ?

En effet, les Papes ont toujours généreusement travaillé, pacifiquement combattu pour l'unité, pour l'indépendance, pour la nationalité de l'Italie.

Et d'abord, ce qu'il faut bien remarquer, c'est que Rome, et Rome papale, seule en Italie, est demeurée constamment italienne. Les invasions ne l'ont jamais atteinte que pour de courts instants. Elle n'a jamais été ni Normande, comme Naples ; ni espagnole ou allemande, comme Milan ; ni Hérule, ni Lombarde ; elle a toujours été, depuis Romulus, ce qu'elle est aujourd'hui. Les Gaulois l'ont prise, ils ne l'ont jamais gardée, ni aucun des Barbares, depuis 2,500 ans. Il y a des princes de Savoie à Turin, des princes autrichiens à Florence, des Bourbons à Naples ; il n'y a jamais eu à Rome que des Papes, et presque toujours des Papes Italiens. Jamais de conquérants étrangers. Le Pape est donc en Italie le seul souverain véritablement Italien. Et cela était vrai, même quand le Pape était de sa personne Français ou Anglais, parce qu'il n'amenait avec lui ni dynastie, ni armée, ni parti, ni rien en un mot de la France ou de l'Angleterre. Comme prince temporel, il était prince italien, plus que les princes de Lorraine à Florence, et les princes de Carignan à Turin.

Rome, et Rome papale, est donc le vrai centre, le refuge, le foyer, le sanctuaire de la nationalité italienne. Rome, état purement temporel, ne serait pas plus privilégiée que Naples ou Florence, exposée comme elles aux conquêtes, aux dynasties imposées, à la loi de succession qui amène des familles étrangères.

Aussi, je ne crains pas de l'affirmer, c'est le Pape, grâce à son double caractère de prince et de Pontife, qui a conservé, dans son trésor du Vatican, ce qu'il y a de vivant, d'immortel, dans la nationalité italienne.

L'unité politique absolue de l'Italie est impossible depuis des siècles, et pour long-temps peut-être encore. Elle reste, en ce moment plus que jamais, partagée entre des Etats, entre des peuples, entre des souverains divers. Que peut-il y avoir de plus désirable pour son indépendance et l'espèce d'unité dont elle est capable, qu'un caractère auguste et sacré, imprimé à un de ces souverains, qui le mette sans contestation, sans rivalité, sans ambition, au-dessus des autres, et le fasse moralement le chef de l'Italie?

C'est ce noble rôle que les Papes ont si grandement rempli, et grâce auquel l'Italie a eu ce qu'elle a pu avoir de nationalité, d'indépendance et d'unité. Nous l'avons déjà vu; à la chute de l'empire d'Occident, les Papes, comme chefs providentiels de l'Italie, l'ont préservée d'une complète invasion des Barbares. L'Italie n'est devenue ni franque, comme la Gaule, ni gothique et mauresque, comme l'Espagne. Elle l'a dû à ce qu'au ve et au vi[e] siècle elle avait déjà un chef, quand les autres contrées n'en avaient pas.

Plus tard, dans toute la querelle des Papes et des empereurs, la question principale sans doute était religieuse; et c'est ce que ne reconnaît pas assez M. de Maistre. Mais l'indépendance de l'Italie y tenait une place énorme.

L'indépendance italienne a été conquise sous le grand Pape Alexandre III, sans doute par les armes, mais surtout par l'autorité sainte et incontestée de là puissance pontificale. Les villes lombardes se sont abritées sous la chaire de Saint-Pierre, et la victoire de la Papauté suivie d'une paix généreuse, a établi les rapports de l'Italie et de l'Allemagne, du Saint-Siége et de l'Empire sur les bases les plus équitables et les plus honorables qui aient jamais existé.

Plus tard, l'Italie a été *veuve* de son Pape; tel est le mot énergique dont elle s'est servie pour exprimer l'union indissoluble qui lie ses destinées à la grandeur de la Papauté, et témoigner en même temps la douleur de la séparation. C'est l'époque qu'elle a appelée la *Captivité de Babylone*.

Qu'a-t-on vu alors?

L'indépendance intérieure des villes a disparu. Des dynasties de petits tyrans se sont établies dans toutes les Républiques italiennes, sans relever pour cela l'Empire qui les avait suscitées, et qui se mourait de son côté, parce que l'Empire lui-même avait besoin de la Papauté, et que toute l'Europe souffrait de l'abaissement temporel et de l'exil des Papes.

De là, la colère des Italiens, colère qui va jusqu'à l'injustice, contre les Papes d'Avignon, contre les désordres de leur cour, etc. Dans toutes les injures de Pétrarque et des autres, il y a, manifestement, le dépit d'avoir perdu ce qui était, alors comme aujourd'hui, *la seule grandeur vivante de l'Italie.*

Plus tard, la Papauté revient à Rome, mais politiquement affaiblie; elle subit l'épreuve du grand schisme. Son autorité politique sur le monde chrétien disparaît, l'Italie aussi s'abaisse et s'asservit de plus en plus. C'est le règne des *Condottieri.* Enfin viennent les dernières guerres du quinzième siècle, où Français, Italiens, Espagnols, Allemands, se la disputent comme une proie. On sait les héroïques, mais inutiles efforts de Jules II, son patriotisme italien et sa haine contre les Barbares.

Les siècles suivants sont assez connus. Je m'arrête.

Aujourd'hui, par un concours de circonstances providentielles, avec Pie IX, l'Italie a espéré un moment la fin de ses abaissements. Pourquoi ne l'a-t-elle pas obtenue? L'histoire le dira, et déjà l'Europe le sait. Pie IX avait compris la faiblesse militaire de l'Italie, il aurait voulu que le mouvement demeurât pacifique. Il aurait voulu surtout que le grand médiateur demeurât en dehors de la querelle, afin d'obtenir plus facilement une transaction honorable. Si on eût suivi sa direction, la haute Italie serait peut-être aujourd'hui un rameau fortement et glorieusement distinct de l'empire constitutionnel autrichien, et le reste de l'Italie formerait une fédération puissante de souverains indépendants de l'influence étrangère, sous la présidence du Saint-Siége.

Il est permis de penser que cela était assez beau pour un pays qui a cessé depuis quatorze siècles de former un tout politique, et dont le nom, la race, la nationalité ne se sont maintenus qu'à l'ombre du Saint-Siége. Rome et l'Italie ont entendu les choses autrement : on sait où elles en sont aujourd'hui.

A ces rapides considérations je n'ajoute qu'un mot : il n'y a pas de nation fortement une sans capitale. Il ne peut y avoir pour l'Italie de capitale que Rome, et Rome ne peut-être la capitale de l'Italie que par le Saint-Siége. Les souvenirs, les traditions municipales, qui ont fait l'éclat des cités italiennes au moyen âge, ne consentiraient jamais à accepter une autre suprématie. Florence, Naples, Milan, Venise, sans parler de Bologne et de Gênes, n'inclineraient pas leurs prétentions rivales devant une autre ville, devant un autre titre.

Du reste, cet office de capitale, même dans l'état de langueur et de désunion où est l'Italie, depuis trois siècles, Rome ne l'accomplit-elle pas au moins en partie? Sans être, au milieu de ce pays divisé, un centre politique, elle est encore un centre national, parce qu'elle est un centre religieux.

Pourquoi les Milanais ne sont-ils devenus ni Espagnols, ni Allemands? Pourquoi Venise, au temps de sa grande puissance, n'est-elle devenue ni une puissance grecque ou dalmate, ni une puissance slave, alors qu'elle avait plus de possessions au-delà de l'Adriatique qu'en-deçà? Pourquoi le Piémont, gouverné par des princes de langue française, ne s'est-il pas francisé davantage? Pourquoi Naples ne s'est-elle naturalisée ni Angevine, ni Normande, ni Sarrasine, ni Espagnole ; Naples tant de fois envahie et si peu résistante à la conquête? Pourquoi la Sicile qui a passé par tant de mains, la Corse, qui est aujourd'hui française, sont-elles, malgré la mer, aussi italiennes qu'elles le sont? N'est-ce pas en partie parce que la religion leur donne un centre puissant à Rome ; qu'à Rome, elles retrouvent des frères de sang et de langue qui ne leur permettent pas d'oublier le nom, les traditions et la parole italienne?

L'exagération de ces idées est même entrée pour beaucoup, on le sait, dans les prétentions de l'italianisme moderne. Le *Primato* de l'abbé Gioberti fait du Pape et même du Catholicisme un instrument de la domination nécessaire de l'Italie sur le reste du monde. La vérité n'est pas là : l'Italie et le Catholicisme souffriraient profondément d'une telle alliance. L'Eglise ne s'y prêtera jamais. Sans doute, c'est une chose glorieuse pour l'Italie que le premier et le plus italien de ses souverains soit en même temps celui qui par son caractère sacré appartient au respect et à l'amour de toutes les nations. L'Italie a, par le Pape, la gloire de donner au monde un chef spirituel : cette gloire est assez grande, et il ne faut pas quelle pousse ses prétentions ambitieuses au-delà. Mais cette erreur même nous fait bien comprendre quelle est pour l'Italie la nécessité de conserver la Papauté dans son sein. L'Italie follement ambitieuse a voulu de nos jours faire de la Papauté l'instrument d'une chimérique prépondérance, parce que, dans le passé, la Papauté avait été pour l'Italie l'ancre de salut en face du danger, le dernier reste de cohésion qui l'empêchait de se dissoudre, le nœud suprême qui la tenait encore un peu unie. Le jour où la Papauté abandonnerait l'Italie pourrait être un jour de deuil pour l'Eglise ; mais ce serait un jour de mort pour l'Italie. Il faudrait dire adieu à toute espérance de nationalité italienne.

Que n'aurions pas à dire, si nous voulions approfondir cet immense sujet, dont l'horizon semble s'étendre sous l'œil qui le contemple? Que ne dirions-nous pas, en particulier, des lettres, des sciences et des arts dont l'Italie doit à Rome et à l'influence de la Papauté d'avoir tenu si long-temps le sceptre glorieux ?

On comprend maintenant le sens profond, historique et politique de cette parole, par nous déjà rappelée, du président actuel de la République française : *Le maintien de la* Souveraineté temporelle *du Chef vénérable de l'Eglise est intimement lié à la liberté et à l'indépendance de l'Italie.*

Il faut enfin achever ce grand sujet, et dire non-seulement de Rome et de l'Italie, mais de l'Europe, ce qu'elle aurait été et ce qu'elle serait sans le Pape.

VIII.

Il y a des esprits malades et emportés qui sacrifieraient sans pitié les intérêts les plus sérieux de Rome, de l'Italie, de l'Europe entière, aux rêves de leur téméraire imagination, et qui verraient sans trop de regret l'Eglise romaine quitter le sol Européen, s'embarquer avec le Pape, traverser les mers et s'établir en Amérique, par exemple, ou en Chine.

Je n'invente pas ces belles choses ; elles ont été pensées et dites par des honnêtes gens, d'une trempe d'esprit supérieure, et élevés par la force d'un caractère particulier au-dessus de toutes les faiblesses, de toutes les craintes auxquelles sont trop souvent accessibles ici-bas les ames ordinaires.

Je ne comprends pas l'Europe sans le Pape, disait naguère devant nous un homme éminent et d'une sagesse politique renommée. Ce mot est d'un grand sens. En effet, on ne comprend, on ne se représente bien les choses que comme elles sont, et comme les siècles et la Providence les ont faites.

L'Europe sans le Pape, c'est l'Europe sans son perpétuel foyer de civilisation et de lumière : Rome l'a été pendant des siècles, Rome l'est encore.

L'Europe sans le Pape, c'est l'Europe sans le lien antique et vénérable de ses nationalités ; sans un centre commun d'accord, de paix et d'harmonie sociale comme de foi.

L'Europe sans le Pape, c'est l'Europe sans la personnification la plus auguste des deux grandes et saintes choses, dont l'Europe a aujourd'hui un plus profond besoin ; je veux dire, L'AUTORITÉ ET LE RESPECT.

L'Europe sans le Pape, ce serait, qu'on y prenne garde, une immense révolution religieuse et sociale. Ce serait peut-être la malédiction du sol européen.

Après avoir déjà cité les témoignages de Leibnitz et de Voltaire, nous aimons à citer à son tour M. de Chateaubriand, qui s'est exprimé sur le sujet qui nous occupe avec sa noblesse ordinaire :

« Rome chrétienne, dit-il (1), a été pour le monde moderne ce que Rome
» païenne fut pour le monde antique, LE LIEN UNIVERSEL. Cette capitale des
» nations remplit toutes les conditions de sa destinée et semble véritable-
» ment la ville éternelle. Il viendra peut-être un temps où l'on trouvera que
» c'était pourtant une grande idée, une magnifique institution, que celle
» du Trône Pontifical. Le Père spirituel, placé au milieu des peuples, unis-
» sait ensemble les diverses parties de la chrétienté. Nous ressentons
» encore tous les jours. l'influence des biens immenses et inestimables
» que le monde antique doit à la cour de Rome. »

« Pensez-vous, écrivait naguère un publiciste (2), dont l'autorité n'est
» point ici suspecte, pensez-vous que ce fût un progrès que cet anéantis-
» sement d'un pouvoir qui est aujourd'hui le seul lien des nationalités
» éparses sur la terre ? N'y a-t-il donc pas, par le monde, assez d'éléments
» de désunion et de discorde ? Devons-nous imprudemment en laisser
» surgir de nouveaux ? Et croirait-on, par hasard, que le vieux tronc de
» Jessé, pendant dix-huit siècles de sève et de vie, ait jeté dans la terre
» des racines si peu profondes et si frêles qu'on puisse l'en arracher sans
» la secouer fortement et sans l'ébranler ? Ah ! soyez-en persuadés, il ne
» tombera pas sans remuer et sans troubler jusque dans ses profondeurs
» les plus intimes la Société, et peut-être même sans l'entraîner dans sa
» chute !»

Sans contredit : la politique et le bon sens éclairé par la foi, parlent

(1) *Génie du Christianisme.*
(2) *Courrier Français.*

ici le même langage. Répétons-le encore : la Papauté est le lien antique et vénérable des nationalités européennes, le centre commun de paix et d'harmonie sociale parmi elles.

Mais il y a plus : je l'ai dit, la Papauté est en Europe la personnification la plus auguste de l'autorité et du respect ; et on voudrait qu'elle en disparût ! ou du moins on le verrait sans trop de regrets ! mais c'est insensé !

Pendant que les institutions et les mœurs, pendant que les passions et les égoïsmes contraires excitent parmi nous l'esprit d'indépendance, d'insubordination, d'anarchie ; quel intérêt de salut n'est-ce pas pour les sociétés européennes, pour leur moralité comme pour leur repos, qu'il y ait debout, au milieu d'elles, cette Souveraineté providentielle qui maintient le principe du respect et l'esprit d'autorité, qui les met en pratique avec une si admirable fermeté de doctrine et tout à la fois avec une si admirable condescendance pour la faiblesse humaine !

Non, non ! jamais il ne fut plus nécessaire qu'il y ait en Europe une autorité *qui soit acceptée et sentie comme un droit, sans avoir besoin de recourir à la force ; une Autorité devant laquelle l'esprit s'incline sans que le cœur s'abaisse ; et qui parle d'en haut avec l'empire, non pas de la contrainte, et pourtant de la nécessité* (1) !

Mais si vous laissez le Pape s'éloigner de l'Europe, ou sa souveraineté temporelle tomber, vous laissez tomber et disparaître du même coup la plus forte expression du commandement et du droit ; vous ôtez de la conscience des peuples la raison la plus sainte, la plus imposante de la soumission aux puissances ; vous accomplissez le vœu qu'expriment chaque jour audacieusement les agitateurs des empires : après avoir brisé le lien qui unissait les hommes, vous brisez le frein qui modérait leur impétueux et aveugle orgueil, et vous lâchez toutes les fureurs de l'anarchie sur le monde. L'Europe en sait déjà quelque chose à l'heure qu'il est ; et ce qu'elle sait n'est rien auprès de ce que veulent encore lui apprendre les démagogues innombrables qu'elle renferme dans son sein. Non, encore une fois, dans ce grand naufrage de l'autorité et du respect, qui nous

---

(1) Ces belles paroles sont d'un homme dont j'aime à citer le nom, M. Guizot ; il ajoutait : C'EST LÀ VRAIMENT L'AUTORITÉ : OU MANQUE L'AUTORITÉ, QUELLE QUE SOIT LA FORCE OU LA PRÉPONDÉRANCE MATÉRIELLE DU NOMBRE, L'OBÉISSANCE EST PRÉCAIRE OU BASSE, TOUJOURS PRÈS DE LA SERVILITÉ OU DE LA REBELLION ! Nous l'avons éprouvé douloureusement ; M. Guizot le premier.

épouvante, jamais l'Europe n'eut plus profondément besoin que le Pape en recueille à Rome les derniers et précieux débris ; et que religieusement respecté et obéi, du sein de la ville éternelle, il offre aux souverains et aux peuples, dans sa personne, la raison supérieure et le modèle de l'Autorité, et dans son peuple, le persévérant et salutaire exemple du respect et de l'obéissance.

Il est, enfin, un autre ordre de services rendus à l'Europe par la Papauté, qu'il est impossible à un cœur catholique et sacerdotal de ne pas proclamer avec amour et fierté. Oui, un chrétien est fier de le dire hautement : si l'Europe domine le monde entier, si elle est la reine et la civilisatrice de toutes les nations de la terre, il est manifeste qu'elle le doit à l'Evangile et à l'Eglise. L'Europe a été un foyer de lumière pour tout l'univers, parce que Rome a été un foyer de lumière pour toute l'Europe.

Voltaire l'avoue, et qui d'ailleurs ne le sait ? Dans cette longue suite des âges « où nos pères (1) étaient des barbares, à qui il fallait tout appren-
» dre, non-seulement à lire, à parler, mais à se nourrir, à se vêtir, à labou-
» rer leurs champs, à travailler pour vivre... la Papauté s'est presque tou-
» jours montrée supérieure à son siècle. Elle avait des idées de législation,
» de droit public ; elle connaissait les beaux-arts, les sciences, la politesse,
» lorsque tout était plongé dans les ténèbres des institutions gothiques !
» Elle ne se réservait pas exclusivement la lumière ; elle la répandait sur
» tous ; elle faisait tomber les barrières que les préjugés élèvent entre les
» nations ; elle cherchait à adoucir nos mœurs, à nous tirer de notre igno-
» rance, à nous arracher à nos coutumes grossières ou féroces. Les Papes,
» parmi nos ancêtres, furent des missionnaires des arts, envoyés à des bar-
» bares ; des législateurs chez des sauvages. *Le règne seul de Charle-*
» *magne,* dit Voltaire, *eut une lueur de politesse, qui fut probablement*
» *le fruit du voyage de Rome.* C'est une chose généralement reconnue
» que l'Europe doit au Saint-Siége sa civilisation, une partie de ses meil-
» leures lois, et presque toutes ses sciences et ses arts.»

A vrai dire, l'Eglise a été l'institutrice du genre humain : elle l'a véritablement élevé, éclairé, ennobli : enfant violent au berceau, jeune

---

(1) M. de Chateaubriand, *Ibid.*

homme emporté, sauvage, indomptable, l'Eglise l'a assoupli, civilisé, poli, amené à l'âge d'homme; elle a été, je le répète, son institutrice et sa mère.

N'est-ce donc pas une chose étrange que d'observer avec quelle hautaine ingratitude nous jouissons de ses bienfaits? La lumière évangélique dont elle répand sans cesse les flots sur nos âmes et sur le monde, cette lumière bienfaisante nous environne, nous enveloppe de toutes parts; elle a pénétré, comme à notre insu, dans nos institutions et dans nos lois, dans nos mœurs et nos habitudes les plus familières, dans notre droit public et privé, dans nos sciences, dans nos littératures, partout! Et cependant, il y a des hommes qui méprisent et insultent ce riche héritage (1), dont ils vivent sans le savoir! Ils oublient que l'Eglise a encore, qu'elle aura toujours à leur apprendre les secrets les plus importants de la vie présente et tous les secrets de la vie éternelle, vis-à-vis de laquelle nous sommes toujours jeunes, toujours enfants; ils oublient que l'Eglise seule a des lois pour tous les besoins de l'humanité, des consolations pour toutes les douleurs, des leçons pour toutes les fortunes, et des secrets infaillibles pour la sécurité du monde. N'y a-t-il pas, dans ce mépris pour cette immortelle institutrice des nations, une ingratitude et une injustice capables de nous porter malheur? Ah! si l'Eglise, si la lumière évangélique, venaient à nous manquer tout à coup, et à nous enlever tous leurs rayons dispersés dans l'atmosphère que nous respirons, nous serions effrayés de nos ténèbres! Quoi qu'on dise et quoi qu'on fasse, la sainte Eglise catholique a encore la clef de tous les problèmes les plus redoutables de la société et de la nature : et, si le Pape, fermant nos saints livres et les emportant avec lui au désert, abandonnait le monde, éteignant derrière ses pas les rayons épars de nos vérités saintes, oui, ce serait un horrible chaos !

Aujourd'hui encore, malgré ses superbes dédains, le monde civilisé ne repose en paix qu'à l'ombre de la croix. Mais, si la croix et l'Evangile nous manquaient tout à coup, nous qui nous déchirons déjà les uns les autres, que deviendrions-nous? Et, comme ces impies célèbres du pa-

____

(1) « Je ne sais pourquoi l'on veut attribuer au progrès de la philosophie la belle morale de nos livres... Cette morale était chrétienne avant d'être philosophique... Tout cela était dans l'Evangile avant d'être dans nos livres. » J. J. ROUSSEAU.

ganisme, les nations désespérées n'auraient-elles pas à redouter des ruines lamentables et les approches de la nuit éternelle?

Impiaque æternam timuerunt secula noctem!

Il est rigoureusement possible (Dieu daigne détourner ce présage!) que Dieu ait résolu d'envoyer au Nouveau-Monde le Pape et l'Eglise Romaine, pour lui transporter notre héritage, pour achever sa fortune, et, si je puis m'exprimer ainsi, pour lui donner définitivement ses grandes lettres de civilisation et d'anoblissement. Il est possible que l'ancien monde devienne un pays de Mission, comme l'Amérique l'est aujourd'hui pour l'Europe; que les Missionnaires nous soient envoyés des Montagnes-Rocheuses; et qu'un jour nous disions à notre tour : *Qu'ils sont beaux les pieds de ces hommes qui viennent de si loin nous évangéliser la paix!*

Ces douloureuses transformations se sont déjà vues dans le monde : la foi s'est levée, comme le soleil, de l'Orient sur nos têtes; et aujourd'hui, l'Ecole et l'Eglise d'Alexandrie; Constantinople, si polie et si savante ; Jérusalem, la ville sainte, sont dans la barbarie! et nous leur envoyons des missionnaires! L'Europe serait alors pour les Etats-Unis ce que la Chine, ce que les îles océaniques sont aujourd'hui pour nous. Cette hypothèse est affreuse : mais la foi n'est attachée à aucun des lieux qui la possèdent, à moins qu'ils ne lui soient fidèles; et, si nous repoussons celui qui porte en Europe d'une main le sceptre de l'autorité paternelle, et de l'autre le flambeau de l'Evangile, qui ne tremblerait de perdre tout à la fois le Vicaire de Jésus-Christ, et avec lui le foyer des vraies lumières, la personnification la plus auguste de l'autorité et du respect, et le lien si doux et si fort des nations européennes !

Oui : si le Pape quittait l'Europe; si l'Italie, Rome, la France, l'Espagne, l'Allemagne catholique n'avaient plus leur Pape; s'il avait dû aller porter la tente de Saint-Pierre et les clefs du royaume des cieux sur quelque plage du Nouveau-Monde; je frémis d'horreur, non comme catholique, mais comme Français, comme enfant de la famille européenne. Il me semble que Dieu avec lui se serait retiré du milieu de nous. Du sein du chaos européen, comme dans Jérusalem réprouvée de Dieu, on entendrait des voix s'écrier : *sortons d'ici, sortons d'ici!*

C'en est trop : tous reculent devant des extrémités pareilles. Rome, l'Italie, l'Europe, les protestants eux-mêmes, les publicistes philosophes, la politique comme la religion, les hommes d'Etat comme les plus humbles chrétiens, tous reconnaissent que la souveraineté temporelle du Saint-Siége est intimement liée, dans le dessein manifesté de Dieu, à sa Souveraineté spirituelle :

Que la liberté de la conscience et l'indépendance de la vérité catholique sont providentiellement unies à la liberté et à l'indépendance du Pape ;

Que, pour la sécurité de toute l'Eglise, il faut que le Pape, *soit libre et indépendant ;*

Il faut que cette indépendance soit *souveraine ;*

Il faut que le Pape *soit libre, et qu'il le paraisse ;*

Il faut que le Pape soit libre et indépendant, *au-dedans comme au-dehors.*

Nous avons vu, de plus, que Dieu a fait tout cela ; et par quelles voies admirables il a providentiellement établi cette Souveraineté temporelle ;

Enfin, nous avons dit ce que serait Rome, l'Italie, l'Europe sans le Pape.

Eh bien ! nous le dirons maintenant :

Nous avons vu avec une profonde douleur des hommes religieux, des chrétiens sincères se laisser entraîner à de déplorables illusions, et décider d'une plume légère ces immenses questions ; livrer en pâture à la discussion des ignorants et à la publicité la plus dangereuse, des pensées téméraires ; et sacrifier avec une inexprimable présomption d'esprit, des intérêts, des principes, que des Evêques réunis en concile n'aborderaient qu'en tremblant, et craindraient d'ébranler comme les colonnes du temple !

Hé ! sans doute, la sainte Eglise romaine peut demeurer suspendue entre le ciel et la terre, et ne tenir à rien ici-bas qu'à la main invisible qui la soutient : sans doute, le Vicaire de Jésus-Christ, comme Jésus-Christ lui-même, Pélerin apostolique, *tandis que les renards ont une tanière et les oiseaux du ciel un nid* (1), *peut n'avoir pas une pierre pour reposer sa tête !* Mais que ceux de nos frères dans la foi qui ont eu ces sortes de pen-

(1) Matth., 8, 20.

sées me permettent de le leur dire : ils en ont pris leur parti avec une philosophie bien transcendante ! Sûrs à peu près d'avoir un abri pour leur dernière heure, et un prêtre pour leur donner une dernière bénédiction, ils ont trop oublié quels grands, quels immenses intérêts seraient compromis par de telles calamités : et la charité, et la conscience, leur font un devoir de ne pas accepter avec un tel sang-froid le désastreux avenir que les malheurs de l'Eglise romaine réserveraient à Rome, à l'Italie, à l'Europe entière, à leurs enfants et à leurs petits-enfants.

Non, non : tous tant que nous sommes, il faut que nous profitions des leçons de la Providence, et des coups de foudre par lesquels elle nous a réveillés. Il faut enfin, après tant d'agitations et de tourmentes, après tant d'égarements et de pensées aventureuses ; quand la terre tremble et fuit sous nos pieds ; il faut remonter aux vrais principes ! Il faut revenir aux lois éternelles de l'ordre ; il faut nous rattacher aux conditions inviolables et essentielles de la société. Il faut reconnaître que, dans l'intérêt même des peuples, la Souveraineté a des titres qui sont la sauvegarde et la vie des nations. Il faut reconnaître que la puissance publique a des droits ; qu'il y a des devoirs envers elle ; qu'il y a des préceptes apostoliques qui commandent l'obéissance et le respect ; que les apôtres ne sont pas des utopistes et de vains discoureurs ; qu'il y a un saint Paul qui a dit : «Soyez soumis aux puissances (1) ; qu'il y a un Prince des apôtres qui a défendu de se servir du nom de la liberté comme d'un voile hypocrite pour couvrir la méchanceté et la révolte (2); qu'il y a un saint Judes qui a flétri ces hommes pervers qui méprisent toute autorité, qui blasphèment toute majesté (3); qu'il y a enfin, comme parle Bossuet, un Fils de Dieu qui a dit : «Vous rendrez à Dieu ce qui est à Dieu, et à César ce qui est à César.»

Ces principes étaient étrangement méconnus, il le faut avouer, depuis quelque temps. Pour ramener les esprits égarés d'un bout de l'Europe à l'autre, il fallait peut-être (terrible *oportet*, disait Bossuet!) ces bouleversements violents, ces épouvantables commotions auxquelles nous assistons ; peut-être même il fallait que ces principes fussent violés dans la

____

(1) Omnis anima potestatibus sublimioribus subdita sit. Rom. 13. 1.
(2) Velamen habentes malitiæ libertatem. 1 Pet. 2. 16.
(3) Dominationem spernunt, majestatem blasphemant. St. Jud. 8.

personne de leur représentant le plus auguste, dans le plus paternel des souverains. Quand on applaudissait à la chute de tous les trônes et de toutes les institutions établies : quand, au nom d'un christianisme scandaleux, on battait des mains à chaque révolution nouvelle qui ébranlait le sol européen : quand on accablait d'anathèmes les pouvoirs qui osaient se défendre, et mettre la force au service de l'ordre, on était bien coupable : coupable d'une témérité infinie, c'est le moins qui se puisse dire ; coupable d'un oubli profond des préceptes évangéliques, coupable peut-être de ces sentiments odieux qui se cachent au fond de toutes les passions révolutionnaires ; on était bien coupable ! Fasse le Ciel que le calme renaisse dans les esprits après tant d'orages ; que la simple et forte vérité garde désormais les intelligences et les cœurs ; que de si grandes douleurs portent enfin pour tous des fruits de réparation, de sagesse, d'ordre et de paix, dans la liberté et dans la justice !

FIN.

www.ingramcontent.com/pod-product-compliance
Lightning Source LLC
Chambersburg PA
CBHW051143050726

47594CB00003B/1226